创造进化论

[法] 亨利 · 柏格森 著
刘霞 译

天津出版传媒集团
天津人民出版社

图书在版编目（CIP）数据

创造进化论 /（法）亨利·柏格森著；刘霞译．—天津：天津人民出版社，2019.8

ISBN 978-7-201-15047-5

Ⅰ．①创…　Ⅱ．①亨…　②刘…　Ⅲ．①创造进化论—法国—现代　Ⅳ．① B083 ② B565.51

中国版本图书馆 CIP 数据核字（2019）第 175283 号

创造进化论

CHUANGZAO JINHUALUN

（法）亨利·柏格森著　刘霞译

出　　版　天津人民出版社
出 版 人　刘　庆
地　　址　天津市和平区西康路 35 号康岳大厦
邮政编码　300051
邮购电话　（022）23332469
网　　址　http://www.tjrmcbs.com
电子信箱　tjrmcbs@126.com

责任编辑　郭晓雪
特约编辑　王　彦
装帧设计　琥珀视觉
责任校对　唐　臻

制片印刷　天津中印联印务有限公司
经　　销　新华书店
开　　本　710mm×1000mm　1/16
印　　张　16
字　　数　212 千字
版次印次　2019 年 8 月第 1 版　2019 年 8 月第 1 次印刷
定　　价　45.00 元

前言
PREFACE

《创造进化论》是法国著名哲学家、诺贝尔文学奖获得者亨利·柏格森的代表作之一。该著作文笔优美、思想极具吸引力，是构架亨利·柏格森哲学思想体系的经典著作。柏格森从小就对哲学、生物学、心理学、文学等很感兴趣，这也为其创作风格独特、充满诗意的《创造进化论》奠定了基础。在哲学方面，他反对机械论、决定论和理想主义，认为人的生命是意识的绵延，是一个不可分割的整体。在道德和宗教方面，柏格森反对僵化的形式和教条主义，他追求生命的活力和普遍存在的爱。而这一切无不为《创造进化论》的完成提供了必要条件。

柏格森的《创造进化论》用充满诗意的表达方式展示了当时对他影响巨大的哲学思想，该著作不仅具有十足的思想性，还显示了柏格森卓越的写作技巧和深厚的文学功底。柏格森在获得诺贝尔文学奖时，人们在对他的授奖词中便提到了他的这一代表作——《创造进化论》。授奖词中描述道："《创造进化论》是一部惊人的宏伟诗篇，它的创作没有采用哲学的概念法或抽象法，而是以严谨、简洁的语言，充满色彩和比喻的风格征服了阅读者。这部伟大的著作辞藻华丽、文体优美，人们可以毫不费力地从中获得巨大的美感。"

亨利·柏格森在《创造进化论》中阐明了他所认为的理想哲学体系。

他认为世界上最富有成效、最能长存于世的哲学体系都是源自直觉的哲学体系。若我们坚持相信这句话，然后再关注柏格森的哲学体系，便会立刻知晓他是如何来丰富自己的直觉发现的。而这种发现也正是通向柏格森思想世界的入口。

在描述生命漫长的进化旅程时，柏格森提出了自己对时间的理解，他所认为的时间是一种“持续时间”，这种时间不是某种抽象形式的表达，而是永恒与生命、自我、进化相关的实在。因此，时间不是死的，它是一种“活时间”，就像是一切生物的生命力一样。他眼中的时间一直都在进行动态的流动，并呈现出永恒增长的量变。这种时间不会顾及任何反映，只会一刻不停地前进，它不会与任何固定的东西相连。如果时间不是这样的，那它一定会因为受到现实的种种限制而不复存在。如何来感知这种时间的存在呢？柏格森的答案是：除了集中意识或进行本源的内省，别无他法。

显然，柏格森眼中的时间与钟表运转的时间是不同的，与通过太阳运行测定的时间亦是不同的，这种时间是被精神和行为创造的形式，它只适用于空间形式。在这种“活时间”里，原因和结果是相互区别又彼此相融的；没有什么事物是可以被确定预见的。这种“活时间”象征着自由的选择，同时也代表着全新的创造。在这里，一切都只能产生一次，没有相同方式的重复，或者说，它就是我们人格历史的诞生之地。在这里，我们的精神可以摆脱理智的形式，我们的灵魂可以摆脱理智的习惯；在这里，我们可以从内部视角去感知自我本质，去感知自我中蕴含的普遍的生命的真实。

在《创造进化论》中，柏格森以广博的视角创造出了充满诗意的宇宙进化论，同时他也没有忽视科学的严谨。在阅读这本书时，或许我们很难短时间从柏格森深奥的思想和透彻的分析中获益，但是我们完全可以毫不费力地从这一伟大诗篇中获得巨大的美感。

人们称《创造进化论》是一部伟大的诗篇，其实意在突出一种戏剧性。世界的创造源自两种对立的趋向：一种是物质的下降运动，另一种是生命的上升运动。这两种因素相互渗透，又彼此制约，它们联合的产物按照不同方式遵照不同水平展开了进化的分支。

生物进化的最基础的差异在动物和植物之间，或者说在明显运动和基本不动的有机活动之间。植物可以固定空气、土壤和水中的碳、氮等元素，再借助阳光进行光合作用生成有机物。植物将光合作用中获得的能量存储在有机物里，以供给生命活动。而动物则不需要这样做，它们可以从植物身上摄取现成的能量来供给自身的活动。当然，在更高的阶段上，动物也能从其他动物身上获取它们聚集的能量，从而来强化自身的发展。由此可见，进化之道具有多样性，自然选择并非盲目为之。

器官的利用促进了本能地产生，胚胎期的发育使得生命演化出了智能，但对本能来说，智能并非高级的存在。人类自以为居于生命的巅峰，因为我们的智力具有支配地位。当然，人类同样具有本能，只不过我们本能的作用相比于其他动物本能的作用下降了许多，这种尚未完全消失的本能一直潜伏在我们生命意识的深处。

《创造进化论》是一部开放的著作。它能引发我们对以前进化道路和未来进化道路的思考。人类凭借其富有特色的生命力登上了历史的舞台，在这股生命力的推动下，我们做着一些不可抗拒的行动。而当我们真正认识了自我的自由究竟为何物时，我们便能推测出以往走过的种种道路，继而也就能展望未来的无尽道路。

未来只是一瞬间的事情，未来生活也只会在瞬间发生。我们就像是置身于一个戏剧的舞台，等到谢幕时仍然沉浸在剧本之中。未来的开端总是缺失的，因为我们永远无法知道未来始于哪一刻。在《创造进化论》中，柏格森生动地描述了生命力的本质，他认为所谓生命力的本质指的就是生

命对没有生命之物的猛烈冲击。人类会在这种冲击中超越死亡而获胜吗?若将所有的力量集聚在我们脚下，生命力又会如何对待我们呢？这是人类无可回避的问题，尽管它们非常复杂。而柏格森用他的《创造进化论》大胆而富有意义地对这些问题进行了尝试性的解答。

目录

CONTENTS

进化的秘密：那些鲜为人知的进化秘事

进化的方向：一根藤上“七色花”

生命的冲动：创造进化的终极推动力

创造性进化：进化是一个不断创造的过程

智能与本能：一对性格迥异的“同胞兄弟”

乌有的根源：乌有这个伪命题存在的基础

变化的哲学：为摆脱错误的运动理论创建的哲学

近现代哲学：与古代哲学密切相关的哲学

1 Section

进化的秘密：

那些鲜为人知的进化秘事

生命的存在本身就是一个奇迹。一粒种子可以长成一棵参天大树，一粒卵细胞可以发育成一个成熟的动物个体，小老鼠的卵细胞与大象的卵细胞几乎一样大，它们最终却生长成了截然不同的个体。在遥远的过去，我们曾与其他动物拥有共同的祖先，哪怕这些动物看起来如何低级和渺小，我们都不能否认，我们的身体与它们的身体确实拥有着共同的元素和无比相似的器官。

拥有共同祖先的动物为何如今变了模样？人类为何会存在，又是如何存在的？在伟大的进化道路上，种种生命究竟经历了什么？生命的规律是可以用公式计算的吗？孕育与衰老的尽头究竟在哪里？生命不息，创造也会不止吗？这种种的疑问背后究竟隐藏了怎样的秘密？让我们整装待发，一一解开那些鲜为人知的进化秘事。

1. 我们为何会存在，又是如何存在的？

我们最确定、最了解和最清楚的存在是我们自己，因为我们对其他对象产生的观念都是外在和肤浅的，而对我们自己的知觉才是内在和深刻的。从这一事实中，我们能发现什么呢？所谓的“存在”究竟是什么意思呢？

我发现我总是在不同的状态之间过渡着，有时我感到温暖，有时我感到寒冷；有时我感到欢乐，有时我感到悲哀；有时我会做某些事情，有时我什么事也不做；有时我会耐心观察周围的事物，有时我会思考一些其他事情。于是，我感到我的存在划分成了许多变化，包括感觉、情感、意志和意念等等。而在划分成这些变化的同时，我的存在也不断继承了它们的不同色彩。因此，我一直处于持续的变化之中，并且这种变化的剧烈程度远超我的想象。

在描述我的每一种状态时，我发现自己的每一种状态都像是一个区段。而每一个区段又像是一个被分割的整体。在我看来，我确实在变化，并且这种变化存在于不断的过渡中，从一种状态过渡到另一种状态，再从另一种状态过渡到其他状态。面对这种变化，我认为每一个被分割出来的状态在它作为本状态的时间里从始至终都是一样的。

然而，只要我留心观察就会发现，在我存在于这个世界的每一个瞬间，我的所有感觉、情感、意志和意念都在发生变化。如果一种精神状态停止了变化，那么它将不能绵延下去。可以说这种精神状态的绵延中断了，或者说它的绵延不再流动了。

对我们来说，内部状态往往要比外部状态稳定。因此，我们不妨用内部状态为例，来阐述状态的变化。我们在观察一个静止的外部对象时会产生比较稳定的视知觉。现在，我假设我所观察的对象是始终相同的，我在同一种光线下从同一个侧面或角度来观察它。结果，我得出了这样的结论：我现在对它产生的视知觉与刚才对它产生的视知觉是不同的，我后一刻对它产生的视知觉与前一刻对它产生的视知觉也是不同的。我感到我的记忆将过去的某些东西传到了当前。

时间像是一条路，我的心理状态一直沿着这条路向前发展。随着时间的绵延，它不断地膨胀，不断地增长，就像是雪地上的雪球在滚动中不断地膨胀、不断地增长一样。其实并非如此简单，事实上，我的感觉、感情、欲望等更深层次的状态都在发生变化，它们绝不会与一个始终不变的对象相对应。

我们在观察一个看似始终不变的外界对象时，会认为我们的视知觉一直与之相对应，例如，我们用视知觉来观察一棵树、一座山、一块石头时会认为它们始终是不变的。但实际上，我们在观察这些物体的过程中，前一刻的感觉、感情和欲望都与后一刻的不同，因为它们随时都在改变。

我们之所以会认为这些物体是不变的，是因为视知觉的变化不足以被我们发现，或者说我们完全忽略了这种不间断的微小变化。只有当这种变化给我们的身体带来新状态，让我们的意识出现新指向的时候，我们才会注意它。我们只有在这种状态下才能发现自己状态的变化，但实际上我们本身就在持续不断的变化之中，或者说我们的状态本身就是变化。

由于我们的状态一直在变化，所以保持同一种状态或者从一种状态过渡到另一种状态，两者本质上没有区别。

其实，各种状态间的过渡与被延长的单一状态是极其相似的。如果保持不变的状态种类远超我们的想象，那么这种相似程度也远超我们的想象。换而言之，如果说我们的状态是不变的，就意味着我们的状态是被延长的单一状态，而被延长的单一状态与各种状态之间的过渡极其相似，所以尽管我们的状态都在变化，我们也时常会把它们看成一种不变的状态。

变化是持续不断的，就像是水滴持续不断地滴落就变成了水流，我们再也看不出前一个水滴与后一个水滴的区别，于是，便认为水流是不动的。远远看着水流，它就像是一条不动的白布，但实际上每时每刻都有水滴在滴落。

同样的道理，我们的心灵状态每时每刻都在发生变化，但我们看不到它们的变化。只有在我们心灵状态的变化积累到一定程度并变得十分显著，以至于能够引起我们的注意时，我们才会将当前的状态描述为有别于前一刻状态的一种新状态。然后，我们会继续认为这一新状态保持不变，直到它的变化能被我们看出并被我们以更新的状态命名，这样循环往复以至无穷无尽。

无数的心灵状态组成了我们的心灵生活。我们认为心灵状态是非连续的，这就意味着我们认为心灵生活也具有明显的非连续性。这是因为我们一直在分割我们的注意力，以至于将它固定在了某种心灵状态或心灵生活之上。举例来说，我们的面前存在一个平缓的斜坡，由于我们的注意行动是断开的，于是就会认为斜坡上有一个个分开的台阶。

人类的心灵生活充满了不可预见性。它可以产生成千上万个事件，每一个事件都仿佛是独立的存在，与前后的事件没有任何联系。它们虽然显得是非连续的，却拥有一个连续的背景。它们就像是这个连续背景上的凸点，这些凸点之间仿佛有着一个个分开的间隔。当然，也可以把它们比作交响乐中的鼓点。

水的整体流动中产生了无数的水滴，我们心灵存在的整体流动中产生了无数的事件。我们会将注意力集中于这些事件上，这是因为它们能使我们更感兴趣。我们的心灵存在就像是一片活动区域，而每一个事件都是这一区域的照明点。这个区域就是我们所有瞬间的全部存在，它包含着我们的全部感觉、情感、意志和意念。这全部的区域构成了现实中我们的全部状态。这些状态其实不能被看作一个个明确的元素，因为它们是一个流动的整体，是一种无尽的延续。

然而，这个流动的整体却被我们的注意人为地区分和分割开来，现在我们也要人为地将它们连接在一起。因此，我们的注意便幻想出了一个没有形式、不带倾向性、不可变动的自我，然后将注意所建立的所有心灵状态一个个贯穿在这一自我之上。我们观察到的并非是不同颜色层次流的融合，而是明确的或者说固体的各种色彩，它们就像是一条项链上相互串联的珍珠。我们会想象出一条线，这条线可以将珍珠一一串联起来。

这条线有什么性质呢？实际上，它也是固体的，就像是那些珍珠也是固体的一样。但两者的区别在于，固体的线没有任何色彩，而珍珠却是被染过颜色的。遮盖住这条线的那些珍珠不断地被染上色彩，随着这种变化，我们的注意力都集中在被染上颜色的珍珠上，而完全忽略了那条线的存在。同样的道理，在生活中，我们只能看到心灵的各种状态，却未能发现不断延伸的那条线。

那条线不是现实，只是一个象征而已，其作用是提醒我们：我们的注意只是人为地将一个个心灵状态串联、并置起来，但存在于自我之上的是一个不断向前展开的连续体。若连续体是静止不动的，那它便不是连续体了。

我们是如何存在的呢？如果它是以一个个分开的状态展开的，并且这些状态是由一个静止的自我联结起来的，那么便不存在绵延了。因为静止的自我是不能持续的，同样，一个心灵状态在代替另一个心灵状态的过程中若始终如一，那么它也是不能持续的。

我们将心灵状态排列在一个假定的静止自我上显然是徒劳的。因为存在于固体上的固体是不能流动的，它们也构不成流动的绵延。我们之所以认为存在固定的心灵状态和自我，其实是对内心生命的人为模仿，是用静态的东西来描述动态的东西。这种动态的等价物更加适应我们逻辑和语言的要求，这是因为其中舍去了时间这一要素。

心灵生活是如何展开的呢？它是在象征之下展开的，这些象征是我们赋予它的，且是一种静态的象征。但心灵生活本身是动态的，它是由绵延不断的时间构成的，而我们的存在也是如此。

2. 每一个人都是一部不可逆转的历史

我们的存在也就是我们的绵延，也可以理解为生命的延续。实际上，我们不能将我们的存在理解为一个瞬间代替另一个瞬间，因为它不仅仅是这样。如果我们执意这样做，那么我们所能拥有的只有当前，其他便什么也不存在了。其所导致的结果为：我们的过去不会延续到现在，我们在现实中也不会拥有过去的回忆；过去没有演进和具体的绵延。

绵延是个过程，它具有承上启下的作用，比如它可以承接过去、启发未来。绵延是过去的不断发展，是未来的逐步侵蚀。它一边前进，一边膨胀。由于过去是不断成长的，所以它的保存时间没有限制。记忆作为一种机制，可以将回忆登记注册或将其放进一个抽屉里，但没有任何注册表或抽屉收纳柜，或者说没有任何一种机能可以服务于一种断断续续的机制。过去的叠置是一个持续不断的过程，它可以自动被自身保存下来。过去以一种整体形式出现在我们的脑海中，每时每刻它都跟随着我们。我们在婴幼儿时期的感觉、思想和意志都被保存下来，并依附在当前的意识之上。意识将它们关在门内，而它们则压迫着意识的大门。

我们的大脑机制对这些记忆起到的作用是：它会将大部分的记忆都拉回到意识之中，只允许一些记忆通过意识，这些记忆可以解释我们当前的情势，帮助我们推进行动。也就是说，只有那些有用的记忆才能在特定的条件下呈现在我们的意识中。当然一些潜意识中的回忆也会呈现出来，从而让我们能察觉到我们过去的存在。我们可能对这些记忆没有明确的概念，只能朦胧地感到它们始终与我们在一起。

我们是什么？我们是一部历史，一部从我们出生到现在的历史，甚至可以说是一部从我们出生以前到现在的历史，因为每一个人都是带着天生的禀赋来到这个世界的。如果不是这样的话，我们到底是什么呢？人的个性又是什么呢？对于我们的过去，我们只能在生活中想到它的一小部分，但正是由于我们全部的过去才会使我们产生各种欲望、意愿和行动的。这样来看，我们的过去实则是一个整体，只有在冲动中，它才能清楚地展露出来。而我们只能感受到它的趋向，并且只能用意念感知它的一小部分。

我们不能否定自己的过去，它们就是这样存在着的。我们的意识是随时变化的，前一刻的意识与后一刻的意识是不同的，过去的意识与现在的意识也是不同的，不可能存在两种处于同一状态的意识。同样，过去的我们与现在的我们也是不同的。假设一个人身处的环境始终没有变化，那么环境所作用的人也不再是同一个人了。因为这个人正处于其新的历史瞬间之中。他已经不再是过去的那个他了。

我们所有的体验逐渐构成了我们的个性，因此个性是随时随地都在发生变化的，当它积累到能被我们明显看出的时候，我们才会意识到它的变化。而我们之所以认为个性是难以改变的，是因为个性在短时间内的细微变化无法被我们察觉到。我们不能因为自身意识的迟钝，就否定它实实在在的变化。

本性表面上始终如一，但它必定是不断变化的，因为它会避免让自己在同一种深度上重复。因此，我们的存在是不可逆转的，我们的历史是不可逆转的，我们的绵延也应如此。生命的宝贵就在于它是不可逆转的，每一个人只能获得一次生命，没有人能再多活一次，哪怕是重复活上片刻也是不可能的。否则，我们必须删除我们全部的记忆才能重新开始新一轮的生命，但没有人能做到删除全部的记忆，即使是丧失了记忆的病人也做不到，因为总会有一部分记忆被保留下来。纵使我们可以通过智力人为的抹掉一些记忆，但我们的意志里仍会残留它们的影子。

我们的个性像一颗颗种子，它们无时无刻不在萌发、生长与成熟，在它们的一生中没有休息的时间。我们的个性随时都在改变，它的每一个瞬间都在增添着新的东西。这种增添的新东西是无法预知的。

我之所以会有现在的状态，是因为我刚才所拥有的与刚才作用于我的东西的共同作用。此刻，我除了拥有当前的状态外，不再有任何其他元素，没有人能预见我状态的那种不可分割的形式。

预见是将过去所见的东西投射到未来之中，或者说是将过去所观察到的元素按照一种新次序排列组合，用以设想未来。但是，对于那些从未观察到的简单事物是无法预见的。我们的每一种状态都是这样，它们只是一个个逐渐展开的历史瞬间。这些状态是简单的、无法被观察到的，因为它们具有不可分割性，其中既聚集了过去所有被观察到的东西，又聚集了当前添加至其中的东西。我们的每一种状态都是一种新的历史瞬间。

如果摆在我们面前的是一幅肖像，那么它能表现出哪些内容呢？首先它能表现出肖像主人的特点，其次它能表现出画家的性格，最后它还能表现出画板上那些颜色的特点。然而，我或许知道这幅肖像要表现什么，但不可能事先预见它的样子。只有在它被画完之前画出它来，我才能预见它。而这种说法明显是自相矛盾的。

如果将上述说法应用到我们生命中的每个瞬间，情况也会如此。假设我们人人都是画师，现在我们要对自己生命的每个瞬间进行描绘，这就意味着我们生命的这些瞬间都像是被我们自身创造出来的作品。而事实也确实如此。

画家的才能是如何形成的？又是如何变化的？这些其实都受到其作品的影响。而我们每一个瞬间的状态也会影响或改变我们的个性。这些状态就代表着我们所选择的新形式。因此，毫无疑问正确的一种说法是：我们的存在取决于我们是什么，或者说我们的存在取决于我们的那些状态。需要补充的是：我们每时每刻都在创造着自己，若要问我们是什么，那么最好的回答是——我们就是我们的所作所为。而我们的所作所为也就是我们持续不断地自我创造。

这里的原因不像几何学形式的原因那样，即它不会由一些一成不变的客观前提引出客观的结论。相反，这里的同一种原因可能会支配不同的人，也可能支配处于不同状态或不同瞬间的同一个人。只不过它们的结果不同，但同样合理。严格来说，它们已经不是同一种理由，因为它们所应对的既不是同一个人，也不是同一个状态或瞬间。

因此，我们不能用几何学般的抽象方式去把握这些理由，也不能用它们去解决别人在生活中遇到的问题。我们所能做的是从内部解决自己的问题，并且不是为了别人而解决这些问题，而是为了自己才这样做。不过不必对此深究，因为我们现在讨论的是自我意识所赋予“存在”的意义。

对有意识的生命而言，存在就要变化，变化就要发展，发展就要不断地进行自我创造。如果将这一理由应用在普遍存在的事物上，其意义是否也依然合适呢?

不管我们所描述的物质对象究竟属于哪种类型，它所呈现出来的特征都与我们描述的相反。这个物质对象可以是保持原状的，也可以是受外力影响而变化的，不管它的状态如何，我们总是会按照这样的逻辑来看待它的变化，即这个物质对象的变化是指这个对象的各部分元素发生了移动，但这些部分本身是没有变化的。如果这些部分发生了变化，我们就会将这些部分分解成更原始的碎片。我们会研究构成这些部分的分子、原子以及生成原子的微粒子，以尽可能地姿态继续分割或解析下去，直到遇到那些不可改变的东西后才止步。

正因如此，我们才会说物质对象的变化是由物质对象各个组成部分的位移才得以产生。然而，一个部分若离开了它原来的位置，那么便再无任何东西可以阻止它回归原位。不管是依赖自身还是依赖外部原因，一种状态的元素总能找到恢复原有状态的方式。它们并不会衰老，因为对于任何状态，它们都能任意地重复。由此可见，它们是没有历史可言的。

物质对象不能进行自我创造，因为它们无法创造任何东西，比如形式、材料等等。不管物质对象的各种元素想要成为什么，都只取决于它们现在是什么。它们所能呈现的也只有在它们现在的状态中才能呈现。物质对象的整体形式是由其各个部分的排列产生的，理论上来说，从一个物质对象当前的系统构造里，我们就能预见其未来的种种形式，而生命的未来是难以预见的。

3. 宇宙最普遍却最易被人们忽略的秘密

我们对物质对象的全部信念和对系统的全部运作都依赖于它们不受时间的束缚。我们在科学研究中，赋予一个物质对象的时间 t 与赋予一个独立系统的时间 t 是一样的，它是一种具有一定数量共时性和关联的东西。不管它们之间关联的间隔如何、有什么样的性质，它们的数量都是始终相同的。

在研究心灵材料的时候，我们从不考虑它们之间的时间间隔。如果我们为了便于计算这些心灵材料之间的种种关联，而对这些时间间隔加以考虑，我们依然不会计较这些间隔之间所发生的事情。我们会对日常的所见所闻形成一种定势思维，认为一种对象应该是这样的，另一种对象应该是那样的。这就是所谓的常识。我们的常识中的对象大多都是彼此分离的，而科学所考察的种种系统也是相互分离的，这些分离的对象或系统之间存在着间隔。但无论是在常识中还是在科学中，我们往往并不会关心这些间隔本身，而只会关心它们的起始点。

同样，我们在研究时间的时候也会把注意力放在时间的起始位置，而很少去研究其中的过程。因此，我们会认为时间的流动是一种无限向前疾驰的状态，不管是物质对象还是独立系统，它们的过去、现在和未来只是静静地遍布在空间里，不会有任何变化。无论用科学公式还是用常识语言来描述这些时间概念，它们都没有任何可变的东西。

正是由于我们只关心时间的起始，才会将其看作是静止的时间段，同时也才会在研究系统时将代表时间的数字 t 当成永远不变的同一个东西。但是，数字 t 仍然可以代表各对象状态之间的同等数量上的关联，也仍然可以代表各系统与时间点之间的同等数量上的关联。这些点只是被人为地突出了，这与我们会特别关注时间的起始点的习惯一样，我们只是把这些时间点当成了“时间进程”。

时间是连续的，这是不可否认的事实。不管是在心灵世界还是在物质世界都是如此。我们对隔离系统的论证说明了这样一点，即这些隔离系统的过去、现在和未来可能如扇面打开一般在一瞬间散开。而实际上，这些隔离系统的历史是逐渐自动展开的。如果将我们比作是一个个相互隔离的系统，那么这一个个隔离的系统就会像我们一样存在，像我们一样占据着一段绵延。

举例来说，我如果想将一勺白糖溶入一杯水中，那么可以肯定的是，这些白糖不会在一瞬间完成溶解，我必须在白糖倒入水中后，耐心等待一段时间，才能看到它们全部溶解。这一事件中包含了重大的意义。这个例子中，我等待白糖溶解的时间与科学中使用的数学时间不同，数学时间是一种关系，是某种被思考的东西，它可以用来表示物质世界的全部历史；而等待白糖溶解的时间与我的某一部分绵延可以等同起来，它是不能被人为延长或缩短的。可以说，它是某种活着的东西，是一种绝对，而不是一种像数学时间一样用来表示某种关系的东西。

我在举这一例子的时候，一杯水、一勺白糖以及白糖溶于水的过程都不是实在的事物，它们都是我想象出来的，因此都是抽象的。这些事物都源自我的意识，是通过我的感觉和理解表现出来的，而我的感觉和理解需要不断地运行，才能将这些事物从我的意识中切割出来、表现出来。

科学的操作并不都是人为的，比如隔离和封闭一个系统就可能不是人为的。如果我想将一个系统与另一个系统隔离开来，就需要一定的客观基础，如果没有这种客观基础，我便很难解释这一系统在哪种情况下才能被隔离出来。从这一过程中，可以看出，材料都有构成可隔离系统的倾向，正是由于材料的这种特性，我们才能用几何学去处理它。理论上，我们也能反过来利用材料的这种倾向去界定材料。但我们也需要明白，倾向仅仅是倾向，材料倾向于构成可隔离的系统，但它并没有达到这一极限，所以隔离这一动作是永远进行的。如果科学能够走到这个极限，隔离也就完成了，科学的研究也就更加方便了。

我们应该明白，“隔离的系统”也是会受限于某些外部影响的。科学在隔离这些系统时通常会将这些影响放在一边，这可能存在两种原因：第一，对科学来说，这些影响是微乎其微的，以至于可以忽略它们；第二，科学会将这些影响留在以后考虑。

那么，这些影响又是什么呢？需要如何来理解呢？正确的理解是：这些影响就像是一条条丝线，它们能将不同的系统连接起来。具体来说，就是将一个系统与另一个系统连接，这样就形成了一个包含这两个系统的第三个系统，接着再用丝线将前两个系统与这第三个系统进行连接，这样一直继续下去，直到与整个太阳系连接。对我们来说，整个太阳系是客观上最独立也是隔离最彻底的一个超级系统。但是，即使是这样一个超级系统，它与外界的隔离也不是绝对的。

为什么这样说呢？一方面，我们的太阳发出的光和热可以传达到太阳系最遥远的行星之外。也就是说，太阳系依然与外界系统有着联系，这里连接太阳系与外界系统的丝线就是太阳发出的光和热。另一方面，太阳按照既定的方向运动，其引力牵动着其他行星和卫星运转。这里，连接太阳系与其他系统的那条线便是引力，虽然这条线非常纤细，但的的确确是存在的。正是由于这条纤细的丝线的存在，我们才能与宇宙相连，世界上最微小的粒子才能与宇宙相连。而事实上，世界上最微小的粒子也正是整个宇宙所固有的。

宇宙在绵延中发展。通过对时间的研究，我们越来越能领悟到这样的真理：宇宙的不断延续指的就是它的不断创新、不断进行新形式的创造以及不断构造新的事物。我们用科学区分出来的那些系统也是延续的，它们之所以能延续是因为它们本身便是宇宙的一部分，并且能够与宇宙的其余部分紧密相连。简而言之，它们是宇宙不可分割的一部分。

宇宙是对立和统一的，从其本身就能区分出两种对立运动，即“下降”和“上升”。所谓“下降”运动，其实就像是人们在打开一个已经创作完成的画卷，这个运动过程可以在瞬间完成，也像是瞬间松开压扁的弹簧，弹簧就能一下子恢复原状一样。但“上升”运动的本质是延续的，它关系到成熟和创造的内部运作。当然，“上升”运动和“下降”运动是相互对立也是相互影响的，它们是不可分割的一个整体。

因此，一段绵延或者说像我们这样的存在都应该被归为科学隔离出来的系统，而前提是这样的系统必须能被重建或被重新创造成一个整体，它们也必然会以整体的方式被重建或被重新创造。而被我们知觉隔离出来的那些对象也是如此，并且会表现得愈加明显。

我们观察一个对象所能看到的明显轮廓，可以使这一对象具有鲜明的个体性，但实际上，这一明显轮廓只是我们赋予某个空间点产生影响的方式。我们观察某一物体，于是，它的表面、轮廓，或者说它的样子被传回我们的眼中，这是我们最终行动的目的，就像是我们观察镜子中的自己。如果删除了这一行动，也就删除了观察的方向，这时这个物体的个体性就会融入普遍的相互作用中，融入现实之中，不能突出它的个性和影响了，同时我们也不能注意到它了。

4. 生命繁殖创造的奇迹，超越个体性的再生力量

除了一般的物质对象，是否存在特殊的物质对象呢？我想是存在的。我们所观察到的那些物质对象都是从自然材料上切割下来的，而这一切割的武器是我们的知觉。我们的知觉就像是一柄剪刀，在观察某一物质对象时，我们会利用这把剪刀沿着行动的路标进行裁剪。现在，我们来思考：这个行动的实体究竟是什么？

我们知道，这个实体在行动之前就已经在自然材料上标出了行动的路线；也知道这一实体的感觉器官是真实流动的、具有明确形式的、且能创造出其他实体的。描述到这里，我们很容易能够猜出这一实体就是生命实体。那么生命实体是否与其他实体一样呢？

生命实体与其他实体一样，也具有空间扩展性，同时也与其他实体的空间扩展性紧密相连。如果将所有的实体看作是一个整体，那么生命实体则是这个整体密不可分的一部分。作为整体的组成部分，生命实体也服从制约自然整体的物理和化学规律。

然而，如果将自然材料分割成不同的实体的动作与我们的知觉相联系，将物质点构成封闭系统的动作与科学相联系，那么这个生命实体就能被自然分离出来了。生命实体的各组成部分既是相互补足，又是互不相似的。这些部分行使着各自不同的功能，而这些功能又是紧密联系在一起的。我们可以说生命实体是个体，但不能说其他对象是个体，比如我们不能说结晶体是个体。之所以不能说结晶体是个体，是因为它既没有相互补足又各不相似的组成部分，又没有不同却又相互联系的种种功能。

毫无疑问，区分个体和非个体是困难的。即使是在有机界中，我们也很难区分个体与非个体，而在动物世界和植物世界中这样的困难就更加无法逾越了。这样的困难还有一些深刻的原因，但我们暂时不做分析。

个体性具有不同，但这种不同并不会在所有地方都发生，在人类当中亦是如此。但是，我们无法用这个原因来证明个体性不是生命的典型特征。一些偏于几何学思维的生物学家习惯于给个体性下一个概括性的精确定义，但在我看来，我们是无法做到这一点的，换而言之，我们无法对个体性下一个精确的定义。个体性不是一个已经被我们确定或完成的事实，所以我们无法对它做出一个完美的定义。事实上，个体性是一个充满活力的特征，它永远不能被彻底界定，而只能处于被彻底界定的路上。

说到这里，或许有人会认为个体性是具有某种趋向的状态。但实际上并非如此。一种趋向如何才能到达它最初的指向呢？毫无疑问，只有在它没有受到其他趋向阻碍的时候才能如此。而生命领域之所以会产生这种情况当然是有原因的。事实上，生命领域普遍存在着许多具有对立趋向的相互作用。

针对这些情况，我们就能这样来理解个体性：个体性似乎是普遍存在的，但是在有机界中则存在着某些特殊情况，即当有机界中普遍出现个体性的趋向时，一些指向繁殖的趋向就会出现并与之对抗。在分析完成个体性的条件时，我们发现其中的一个必要条件，即个体组织器官的分离部分是不能在自然界存活的。若只有满足这一必要条件后才能被称为个体，那么按照这个逻辑，自然界的所有个体都是不能繁殖的。但这显然是不可能的。

所谓繁殖，就是利用旧的有机体分离的片段创造一个新的有机体。除了这样理解外，还能如何理解繁殖呢？从这个角度来说，个体性的体内就潜藏着否定它的敌人。一只飞鸟可以看作是一个个体，作为个体，鸟儿需要使自身在空间中永存，而这就意味着它永远无法使自身圆满，因为鸟儿毕竟需要繁殖。

若将生物视作个体，它就必须满足个体的必要条件，即它分离的部分不能在自然界存活，这样才能使得个体性的趋向更加鲜明。但事实上，生物是可以进行繁殖的，它们分离出的部分是可能存活的。这显然是一种矛盾，这与自然界中的对立趋向是一致的。生物学家要在研究个体性时充分考虑这两种趋向。这种趋向的矛盾是存在的，因此若让生物学家对个体性进行完美的界定是没有益处的，也是不可能的。

人们在研究生物学，特别是在对生物进行推论时，常常会依据人们衡量无机材料的那些条件。在我看来，这无疑是一种混淆，而这种混淆在人们研究个性体时会表现得更为明显。研究生物学的人可能会向我们展示这样的现象：一条蚯蚓被切成几段，在经过一定的时间后，它每一段身体都会重新长出头部，最后蚯蚓的每一段都能作为一个独立的个体继续生存；将一条水蛭切成几段，它的每一段身体也会长成一个完整的新个体；将海

胆的卵细胞切碎，这些碎片能重新长成完整的胚胎。

根据这些事实情况，人们可能提出这样的疑问：蚯蚓断裂的身体长成的新蚯蚓是不是个体呢？水蛭断裂的身体长成的新水蛭是不是个体？海胆卵细胞的碎片长成的胚胎是不是个体？它们确实都是个体，但是并不能因为它们是个体就轻率地认为原来的蚯蚓、水蛭和海胆卵细胞都不是个体。

如果用无机材料来阐述就是：我把一张桌子上的几个抽屉从抽匣中拿出来，放在地上，这时我便没有理由说桌子的各个部分都在一起了。实际上，抽匣现在包含的东西并不比过去多。而如果我说现在的抽匣与过去的抽匣是不同的，它是由不同于过去的几个部分组成的，那么这样的说法依然没有说服力。因为从抽匣被制作出来的那一刻起，它就已经是现在这个样子了。

我们的行动需要依赖无机体，如果缺少了无机体，我们的思维便无从依托了。而无机体需要服从这样的规律：有机体当前状态中包含的东西并不比过去状态中的多，无机体一直保持着原有的内容，原来的是怎样的，现在便是怎样的，不多也不少。然而，有机体不同于无机体，它们的特征是不断地生长变化，其实从表面观察就能证明这一点。既然有机体的特征就是不断生长变化，那么它从一个变为多个便不是什么奇怪的事了。单细胞有机体的繁殖就是这样，例如一个单细胞可以在特定条件下分裂成两半，然后每一半都能生长成一个独立个体。

事实上，有机体的这一特性在动物身上更加明显。大自然赐予动物繁殖的能力，让它们独立的性细胞可以再生为一个新个体，这是一种神奇的再生力量。而如果你认为这种再生能力只限于性细胞，那便大错特错了。实际上，这种再生力量也分散于动物的其他器官组织之中，就像是蚯蚓、水蛭的再生现象那样。由此不难猜测：这种再生机能可能一直被完整地保存在有机体中，通常情况下，它们处于一种潜在的状态里，一旦在特定情况下，它就能抓住机会显露出来。

一些有机体的片段可以继续存活，它们拥有这种再生力量。但是，这并不代表在这种情况下我们就不能谈论个体性。实际上，如果说只有在有机体不具备这种再生力量的情况下，我们才能有权利去谈论个体性，这也是不确切的。简而言之，无论有机体有没有这种再生能力，我们都可以讨论个体性。我们只需要证明一点：有机体在分裂之前可以呈现包含各组成部分在内的系统化，在分裂之后，它的各个部分也能再生这种系统化。这其实都是我们在有机界观察到的事实情况，不需要过多地证明。

因此，我们现在可以给出这样一个结论：个体性只是一种趋向，它永远也不会被完成。在有机界分辨什么是个体、什么不是个体是异常困难的，甚至是不可能的。但是，生命对个体性的探求是永无止境且乐此不疲的。在这个探求的过程中，生命正在努力构成一些自然的隔离，或者说正在竭力构成一些自然的封闭系统。

由此可见，生命体与我们的知觉是不同的，同时与我们科学人为的隔离和封闭的一切也是不同的。因此，我们不能将生命体当作一个对象，否则，这便是错误的。那么我们要如何来描述生命体呢？我们是可以在无机界为生命体找到一个比喻术语的，但是这个术语绝不是那些确定的物质对象，我们可以将其比作为整个物质宇宙。这种比喻的价值可能少得可怜，因为生命体是能够被观察到的，而整个宇宙只是我们所能想到的，或者说是由我们思维构造的。但是，这种比喻的价值仍然存在，即它至少可以让我们注意到生命体结构的基本特征。

5. 新旧交替，孕育与衰老的不期而遇

有机体与有意识的生命所采取的存在方式是一样的，它们都存活在一种延续的东西之中，就像是整个宇宙存在于无尽的绵延之中一样。它们从过去的状态延伸到当前的状态，然后停留在现在，并保持不断行动的姿态。如果不是这样，我们又如何来理解它们的历史呢？或者如何来理解它们所经历的种种确定而鲜明的时段呢？它们一直在改变着自己的年龄。以我自身为例。现在，我要面对一面镜子，从镜子里观察我自己的身体。我的身体是一个特定的实实在在的实体，通过观察它，我可以发现：它与我的意识一样每时每刻都在改变着自己的年龄，它会从婴儿期发展到老年期，在此期间一点点地走向成熟。当然，它也会慢慢变老。

我想表达的是，我们确实可以通过观察我们的身体，来发现它走向成熟和衰老的种种特征。而我只能通过比喻的方式来描述我意识本身的成熟和衰老，因为它的这些特征是无法通过观察轻易被发现的。

换一个角度看问题，往往会给我们带来不一样的发现。现在，我准备用一种高级视角来审视生命。假如我现在站在生命阶梯的顶端自上而下观察这一阶梯的底端；从层次分化完全的地方观察层次分化不完全的地方，从观察人的多细胞有机体改为观察纤毛虫的单细胞有机体，我便能发现这样一个事实：不管是复杂的多细胞还是简单的单细胞，它们都具有成熟、衰老的过程，并且这些过程都是相同的。若我们对纤毛虫进行分割，在分割到一定程度后，纤毛虫便无法继续分割了。这个不可分割的极限也许会等待很长一段时间才能到来。或许可以通过改变环境来延迟纤毛虫不可再分之时刻的到来，但就像是可以再生的身体片段一样，纤毛虫被分割出去的部分一定会在结合作用下进行复原。然而，纤毛虫被分割和主动复原都是不能无限延续下去的。

实际上，如果有机体处于这两种极端状态，那么它就实现了完全个体化。而有机体不可能只处于这两种极端状态，在这两种极端状态之间还有许许多多其他状态。有机体若处在这些其他状态中，那么它的个体化便是不明显的。处于这些状态时，有机体也会出现衰老现象，但我们无法表达出正在变老的究竟是什么。

由此可见，在这个世界上，不存在精确且适用于所有生命体的生物学规律，存在的只是一些方向。沿着这些方向，生命才能衍生出普遍的物种。每个物种在行动中都坚持着自身的独立性，这些行动也一定具有不同程度的随机性，正是这种随机性使得每一个物种在生长的过程中会偏离计划好的成长路线。有时物种会进行下坡运动，有时又会重新登上斜坡，最初的方向只是参考，而不是绝对的现实方向。

在观察一棵树时，我们可以说它永不衰老，这种说法简单、方便，因为我们始终能看到树梢发出新鲜嫩芽。同样，一些树木也可以通过树枝发芽繁殖出一棵新的树木。但是，就树木这一有机体来说，那些嫩芽只能作为相互依存的生物单元，而不能被当作某一个体。树木中有些东西确实在逐渐衰老，可能是树叶在变老，也可能是树干内部的组织在变老。如果关注树木的每一个细胞，就能发现这些细胞的衰老都具有一种特定的方式。一切活着的东西都有自己的“注册表”，这些“注册表”上每时每刻都会留下时间的脚印。

这虽然只是个比喻，但说明了一种极其根本的机制。这种机制我们并不陌生。具体来说，它是一种将与时间相关的表现都比作行动，再将这些行动都比作现实的机制。从我们的直接经验中可以看出：我们意识存在的基础便是过去向当前的延伸，或者说意识存在的基础是记忆。而记忆是一种活动的、不可逆转的绵延。这些经验的启示通常对我们起不了什么作用。

那些被我们从意识中切割出来的对象，也就是被尝试和科学隔离出来的系统，我们离这些对象或系统越远，就越是想向着它们的内部探索。于是，我们越是能够发现这样的事实：这些对象的核心状态在无时无刻地变化着，而它所积累的记忆却掩盖了这一真实。这同样对我们起不了什么作用。

因为我们大脑的机械直觉非常强大，比我们的理性和直接经验都要强大得多。我们每一个人的内心中都多多少少会无意识地携带一些形而上学倾向，因此，在我们根据自己在生物中占据的位置来对当前的自己做出解释时，这些解释都必定具有某些固定的要求，包含着以前种种现成的解释和不可更改的条件。

这些解释否定着具体的绵延，并在这种否定的状态中联合在一起。这样一来，我们的各个部分就都处于固定的安排和重组之中，于是，我们就能说变化不是绝对的，而是可被改变的。同时，由于我们的无知，我们会认为时间的不可逆性只是一种表面现象，它仅仅是移动一个物体便无法将其放回原位的可怜解释而已。

因此，我们可以说变老可能是获得某些实质的过程，也可能是失去某些实质的过程，还可能是同时获得和失去某些实质的过程。

如何来解释时间对生命体的现实性呢？很简单，这种现实性就像是时间对沙漏的现实性一样。沙漏上部的沙子流空时，下部的空间就会被填满，若将沙漏倒立过来，其中的沙子又会在倒立的那一瞬间全部回到原来的位置。

事实上，生物学家对生命体从出生到死亡的过程中所获得或失去的东西并没有一致的看法。

关于诞生、衰老和死亡有这样一些理论：任何细胞都要经历从诞生到死亡的过程，而在这个过程中，原生质的数量是不断积累和增长的。对我来说，另一种理论更加可靠和深刻。这一理论表明，生物的营养物质会在内部环境中减少，同时有机体在内部环境中每时每刻都在更新，生物体内积累的、不能被排泄出去的物质总量会增加，直到细胞衰老、死亡，被生物体代谢出去。例如，人类表皮细胞在新陈代谢过程中会形成硬皮，这些硬皮积累到一定程度就会脱落。

实际上，我们还没有资格解决关于细胞衰老过程的解释问题。因为我们不能像一位细菌学家阐述这样的问题，即在不涉及噬菌作用的前提下，用来解释衰老过程的说辞都是不够充分的。

从上述两种理论中可以看出，生命体内的物质确实会积累或失去，尽管这些理论对其中积累或失去的东西还没有一个统一的答案。但这些理论至少可以表明，这种解释已被当作先验的东西，类似的情况还有很多，比如在思考时间时先将“沙漏”的形象摆脱。

衰老的原因远非表面那样浅显，它必定是更深层的。我认为有机体的进化与其胚胎的进化具有一种不间断的连续性。在生长、成熟和衰老的过程中，生物体会经受种种刺激，这些刺激在生物体孕育胚胎的过程中也依然存在。也就是说，这些阶段的刺激都是一样的。

胚胎发育意味着新生命会不断地变化形态、重量和质地等等，它的表现形式每时每刻都在发生变化。如果有人想要表达胚胎的所有面貌，那么他一定会感受到胚胎变化的连续性和无限性，他也一定会因为无法描述出胚胎的全部面貌而陷入迷茫。胚胎是一个连续体，我们很难描述它的全部过程，同样，面对其他连续体时，我们也会陷入同样的迷茫。生命会生长、成熟和衰老，也会孕育胚胎并创造新生命，如果说孕育胚胎是一种先天的演化，那么生命的存在就是为了无限延长这种演化的过程。

如何来证明这一点呢？我们可以用一个不容忽视的事实来证明这一点。这一事实就是：在面对一个生命体时，我们很难说清它是什么。我可以说它是一个正在衰老的有机体，这似乎并没有什么不妥，因为生命体无时无刻不在走向衰亡；当然，我也可以说它是一个正在进化的胚胎。这样说似乎也是可行的，因为生命体总是经历着生长与成熟。例如，一些昆虫的生长进化便是如此。

再回到我们自己身上，我们可以发现，女性在青春期、绝经期等转折期，她们的身体往往会发生巨大的变化，这是她们生长、成熟和衰老必不可少的阶段。而这些变化与幼虫、胚胎的生长变化并没有什么不同。不管是人类还是其他动物，他们都会经历老化过程，因为老化过程是他们生命重要的组成部分。

生长变化的转折期往往会出现在特定的年龄，并且其本身的持续时间较短，但是没有人会因为这些原因而认为它们是突如其来的外来物。只有达到了一定的年龄，这些转折期才会产生。显然，生命体在出生之后的每时每刻都会为产生青春期变化做着准备，甚至在其未出生之前，也就是其作为胚胎的那段时间，这种准备工作就已经开始。也可以这样说：随着年龄的增长，到达青春转折期的过程是一种渐进的准备过程。

总之，衰老过程最重要的是那些无法察觉、无穷无尽和循序渐进的形式的连续变化。在这种变化中，有机体可能被解体。这样一来，对有机体的衰老过程的机械解释将受到某种局限。衰老过程中可能会出现硬化症、废物积累和原生质增生等现象，这些事实是解释衰老过程时很容易提到的。这些都是衰老产生的看得见的结果，在它们的背后还隐藏着一些看不见的原因。生物的进化与胚胎的进化在一定程度上是一样的，它们都意味着不断地记录绵延，意味着记忆的一点点产生，意味着过去在现在的持续。

6. 生命的规律是可以用公式计算的吗？

无机体的现有状态取决于其前一刻发生的状况，同样，系统中某一物质点当前的位置，也可以由科学根据其前一刻的位置确定出来。这样说的深层意思是，无机材料所遵循的那些规律一般都能用微分方程表示出来。其中，时间是毋庸置疑的变量。那么生命的规律也能这样表示出来吗？或者说，我们是否能在生命体所处的前一刻找到它当前状态的原因呢？

假设我们赞同一个先验的观点，即把生物当作一种类同于其他实体的实体。或者为了方便研究，我们同时也将生物看作是物理学家、化学家以及天文学家眼中的科学系统。这样一来，我们就能用微分方程来表示生物所遵循的那些规律了。

但同时，我们也要清楚一点，即物理学家、化学家以及天文学家所认可的前提条件一定都是经过完美定义的。这些完美的定义需要表明，生物当前的状态是能够作为过去的函数而加以计算的。但是，生物界是不可能存在如此情况的。在生物界，或者说在生命领域，可用于计算的东西，至多只涉及有机体解体的一些现象而已。然而，有机体的创造过程、生命的进化现象等是无论如何也不能用于数学计算的。或者说，用数学计算来描述和表现生命的创造和进化过程是根本不可能的。否则，只要用稍轻地语气说，我们无法用数学来计算它们，都会显出我们的无知。

这样的观点向我们表明这样的事实：若我们想阐述生物的当前状态，是不能通过它的直接过去给予解释的。因为它的直接过去并不能完全决定其当前状态，决定其当前状态的是它的全部过去。我们必须将有机体的全部过去放在其当前的那个瞬间才能完美地解释它的状态。那么什么是有机体的全部过去呢？通俗地说就是有机体的遗传，也可以说是其漫长历史的全部。这不仅代表了生物的当前状态，也代表了生物科学的发展方向。

有人认为，既然某些超人可以用数学来计算太阳系，那么同样也可以用计算太阳系的方式来计算生物。这显然是一种形而上学的思想。自从伽利略为物理领域做出了杰出贡献后，类似这样形而上学的思想似乎有了更加精确的依据。

但是，这并不能证明这种形而上学就是我们所熟知的科学，我们将证明这些形而上学的思想都来自于人类的思维，它们只是人类思维所固有的东西。这种思维表面上能使人看得更清晰，或者说它自身仿佛是清晰的，但这终究只是表面上看到的那样，并不能触及真实。它只不过是一种自以为正确的急切心理，是一种众多杰出头脑在未经过证明和佐证的情况下便欣然接受的热情。总之，它是我们思维的诱惑，是能够引诱我们思想向它靠拢、并对其产生影响的东西。对于这样的东西，我们都要对它保持警惕。

这种诱惑对我们的思维拥有极强的吸引力，我们满足于它就像满足于某种先天的偏爱。但是，进一步探究，我们可以发现，所有先天智力倾向无一不是在生命进化过程中被创造出来的。它们的诞生并不是用来解释生命的，而是另有他用。

我们不管在区分人工系统和天然系统的时候，还是在区分无生命体和有生命体的时候，或者在同时进行这两种尝试的时候，我们都会遇到这种形而上学的智力倾向。于是，就导致了以下情况的发生：我们在这些探索过程中发现，想象有机体具有绵延和无机体不具有绵延是同样困难的。

我们在讨论一个有机体的当前状态取决于其前一刻的状态时，就仿佛引入了时间，同时也仿佛在肯定这个系统与真正的绵延有关。我们说生物的全部过去都参与了其当前瞬间的构成，那么是否也可以认为有机体的全部过去也都能进入其当前的直接过去的瞬间呢？既然当前的直接过去的瞬间包含了有机体全部过去的内容，那为何不能将这一直接过去的瞬间当成其当前状态的唯一原因呢？

其实，这种说法的错误之处在于其忽视了一个重要的区别，这个区别便是具体时间和抽象时间的区别。具体时间通常是用于真实的系统，因为真实的系统都是在具体的时间中发展的。而抽象时间常用于人工系统，我们在观察人工系统时往往就有抽象时间的参与。

我们说一个人工系统的当前状态取决于其前一刻的状态，这就意味着一个瞬间之前存在着直接过去的瞬间。但实际上，这个直接过去的瞬间是不可能存在的，这就像是两个数学点是不能相互触及的一样。那么什么时候它是存在的呢？只有在被方程式确定的系统中，它才能存在。在这里，所谓的“直接过去的瞬间”就是由间隔 dt 连接到当前状态的瞬间。这些方程式中用到了微分系数，比如 ds/dt、dv/dt。ds/dt 指的是当前的速度，dv/dt 指的是当前的加速度。这里的当前指的是与其趋向共同被视为考察对象的当前。

科学系统全都处于当前状态中，这些当前状态不仅是共时性的，也是不断更新的。这样的系统没有真正的绵延，那些具体的绵延都似乎与它们没有关系，而它们也绝不会处于这样的绵延之中。对它们来说，过去与当前在真正具体的绵延中始终是紧紧连在一起的。

我们无法阻止一个数学家这样假设，即数学家在计算系统处在未来状态时会用 t 来表示时间的尾端，他可以假设宇宙在 t 时消失，然后又突然重现。在数学家的计算中，时间 t 是能真正发挥作用的瞬间，也是一个纯粹的瞬间。数学家不会关心真实时间中流动的是什么，因为这对他来说并不重要，他也无须去计算这一点。如果一个数学家表示要将自己放进一个时间间隔。那么我们只能理解为，他是在某一个特定的瞬间把自己放在了一个特定的点上。而在这种情况下，数学家就会用 t’来表示这一特定瞬间，而不会去计算 t’与 T’之间的间隔，因为这与他无关。

如果数学家在这里用到微分的 dt，这就意味着他将那一特定的时间间隔分割成了无限小的部分，这时他所要表达的事实便是他正在考察的加速度和速度。换而言之，数学家所要考察的是那些能够标示出趋向的数字，或者能够表示既定瞬间系统状态的数字。在这里，他所能标示和考察的只有既定瞬间，一种静止不动的瞬间，而没有对流动的时间给予任何关注和表达。

总而言之，在数学家的眼中，他们所处理的世界是时刻都在生死之间转换的世界，这种世界在既定瞬间非生即死，没有任何的中间过程，没有流动，也没有绵延。笛卡尔在描述“连续的创造”时，心中所想的便是这样的世界。

进化是生命的唯一本质，然而在上述设想出的时间中，这一本质要如何表现呢？或者说，进化要如何才能产生呢？进化实际上是一个连接符或一个连接环节，它意味着绵延，意味着过去始终保留在现在之中。

我们了解一种生物，也就相当于了解一个自然系统，要想了解这种生物或自然系统，就需要我们领会绵延的真正间隔。而我们如果想要了解一个人工系统，比如数学系统的状态，只需要了解其处于端点的状态即可。

由此可见，生物与意识具有某些同样的特征，这些特征包括变化的连续性、真正的绵延以及当前对过去的持续保留等。

7. 生命是永不停息的创造

我们知道生物与意识具有许多相似的特征，那么我们是否能够从意识活动中找到生命的意义呢？我们知道，意识活动具有创新的特性，它可以进行永不停息地创造。而生命是否与意识活动一样，也是创新，也是永不停息的创造呢？

在这里，我们并没有计划去证明生物演化论的正确性，也不会为支持它而提供各种各样的证据。我只想解释一些事实并希望人们能够接受它们。

人类在对有机体进行自然分类的过程中，就已经产生了生物演化的思想。在分类过程中，自然学家会先将具有相同特点的有机体归为一类，然后在将这类有机体种群继续划分为亚群体。其中，最先划分为一类的有机体往往具有更强的相似性。在不断划分的过程中，最先划分的种群的特征最为明显，且最具普遍性，之后划分出的亚群会逐渐表现出不同程度的变异，但始终都会围绕着种群的特征这一普遍主题。

无论在植物界还是动物界，我们在观察生殖者和被生殖者时往往能发现这样的关系：如果将生物的生存背景比作一张美丽的织物的话，那么前一代经历的生存背景，也就是后一代当前拥有的生存背景；在这一块织物背景中，每一个后代都绣工极佳，它们总能在这块背景上绣出自己独一无二的花纹。不可否认的是，先辈与后代之间的差别往往是非常小的。对此，我们能否这样发问：相同的生命材料是否能够形成诸如鱼类、爬行类和鸟类那样的生存形式呢？它们是否具有这样足够的可塑性呢？通过我们的观察，就能对这些问题给出确切的答案。

通过对生命孕育过程的观察，可以表明这样的事实：在一定时期内，鸟类的胚胎与爬行类的胚胎几乎是没有差别的。一般来说，生命胚胎的孕育过程存在着一系列的变形，这些变形可以与一个物种进化成另一个物种中产生的变形相比较。受精卵是由雄性细胞和雌性细胞结合而成的，而受精卵的分裂便恰如其分地展示了生物的这种变形。

生命的高级形式往往是由初级形式发展而成的，这种情况经常在我们的眼前出现。正是由于产生了这种经验，我们才会认为复杂的东西可以由简单的东西进化而来。但是，确实如此吗？古生物学虽然无法为这一理论提供足够充分的证据，但它能诱使我们相信这一切。这显然是有原因的，

即每当古生物学鉴别出一些物种的连续次序时，这种连续次序往往是人们在考察胚胎学和比较解剖学时都会做出的假定。从一定程度上来说，古生物学是生物演化论的忠实支持者，因为它的每一次发现都能为生物演化论提供新的证据。这样一来，关于生物演化论的那些纯粹由观察得来的证据就会不断增加。与此同时，一个接一个的实验也在挑战着与生物演化论相反的观点，例如，德芙莱斯的实验表明重大变异是可以在短时间内产生的，同时这种变异也可以有规则地转变。通过这一实验可以解决生物演化论中指出的重大困难。这些实验通过缩短生物进化所需的时间来证明这一理论的正确。正是由于这些实验的存在，我们才不会那么依赖于古生物学。

如此一来，通过我们周全地考虑，生物演化论的假定便逐渐变得真实起来。这些假定虽然是不能被严格论证的，但即使没有实验和理论能够给出确定的事实，这些假定也依然可能不断地向前发展。因为在缺乏直接证据证明它们的时候，在沿着它们的那个方向上，也依然有证据在指出：这些假定就是生物演化论给出的那些可能性。

那么如果让我们换一种思维，比如承认生物演化论是错误的，又会产生怎样的不同呢？让我们现在就承认这一学说的错误吧。现在我们假定：不管是通过推论还是实验证明，我们都能得出物种是通过非连续过程形成的。但是我们对这种非连续过程并不了解。这是一个有趣的学说，我们非常重视它。如果按照这种逻辑进行下去，这一学说又当如何呢？或者说，这种学说将会如何发展，会不会受到我们态度的影响呢？

如果站在这个学说的角度进行思考，我们可以发现有机体的分类、种群的分类等基本的分类轮廓是可以保留的，胚胎学的相关内容也是依然存在的。同时，对胚胎学和解剖学的比较以及它们的对应关系也是存在的。因此，生物学应当继续在生命形式之间建立某些关联和亲族关系，并且这些关联和亲族关系与生物演化论的设想要保持一致。最后它所建立的可能不是一种具体的联系，而是一种观念上的亲族关系。但是，古生物学的相关内容同样是存在的。由此我们必须承认：观念上亲族关系的各种形式是一个接一个出现的，而不是同时展现在我们眼前的。

现在，只要进化论对哲学还有重要意义，那么它便别无所求了。进化论首先主张建立观念上的亲族关系，接着它还主张无论在这种亲族关系各种形式之间的任何地方出现了逻辑上的密切关联，物种之间都会出现一种时序上的关联。不管在哪种情况下，这两种论点都能成立。于是，在创造性的思维里、在自然对生命的规划中以及在生命自身的原因中，我们仍需假定它们之中的某个地方存在着进化。由于这一原因，我们就需要把进化的进程完全颠倒过来，将可见的变成不可见的。

生物演化论所告知我们的几乎都会保留下去，从而留待人们以其他的方式加以解释。既然如此，我们为什么还要提出质疑，与其他科学家一样忠实地支持生物演化论的观点不是更好吗？

这是因为仍然存在着一个不能解决的问题：进化论是如何通过描述将那些事实象征化的？这个问题是不能与进化论所要取代的那些学说相调和的。除了此问题外，进化论的一切都能与这些学说相调和，包括与特创论相调和。因此，我认为进化论的语言已经强加于科学之上，其教条般的主张也已强加于科学之上，两者如出一辙。

尽管如此，我们也绝不能将生命当作一种抽象之物，更不能直接将其当作标题，然后在这个标题之下去罗列种种生物。在某一瞬间的某个空间点上，一种可见的流动早已开始涌动，这便是生命之流。生命之流将一个个实体连接组织起来，然后缓缓穿过它们，一代又一代地流淌下去，然后再一一分散于各个物种之中，散布于不同个体的身体之中。在这个过程中，生命之流不但没有丧失丝毫的力量，反而不断增强了自身的力量，它的力量随着它的前进不断增长着，两者是呈正比的。

魏斯曼的“种质连续性”理论指出，有机体通过有性繁殖可将其特征直接传给下一代，其中最重要的是性元素的传递。但性元素的传递是一种极端情况，在这种情况下，魏斯曼的这一理论是值得商榷的。因为，受精卵在分裂过程中会出现性腺，这只有在例外的情况下才会发生。一般情况下，在胚胎生命诞生之初，不会出现可产生性元素的细胞，但是这类细胞总是会在胚胎生命中的一定的胚胎组织以外形成，这也是不容争辩的事实。这里所谓一定的胚胎组织，指的是胚胎生命形成的尚不能进行任何功能性分化的组织，这些组织主要由还没有变形的原生质细胞构成。

当然，这个事实还能换个方式来描述，即受精卵会随着其在胚胎组织上不断地扩大而逐渐减弱自身的生殖力。这是受精卵不断增长膨胀的过程，也是它不断被胚胎组织稀释的过程。在这个过程中，受精卵并没有损失力量，它将内部的一些新东西不断地集中在了某个特定点上，它集中成就了某些细胞并从中发展出来。由此可见，虽然受精卵的种质不是连续的，但它的生殖能量是连续的，这些能量仅会在为胚胎生命赋予必要冲动的瞬间里才能被消耗，同时又会在新的性元素中迅速获得补偿。在这些元素中，它会在一定时间内按兵不动并等待新时机的到来。

站在这一观点上来考虑，我们完全可以把生命比作是一种穿梭于成熟有机体之间的媒介。每一个有机体都像是一个胚芽，而生命就是在这一个个胚芽中流淌不息的水流。这样看来，有机体本身又像是一个增生体，或者说是一个已经萌发的芽体，它承载着胚芽的力量，而这种胚芽会竭力在新的胚芽中延续自身。这是生命所拥有的根本的东西，是一种不可见的连续前进的过程。所有的有机体都加入了这个进程，并在这个进程中闪烁着自己短暂的光芒。

8. 生命是无法预见和重现的

我们越是将注意力集中在生命的连续性上，就越是能看清这样的事实：有机体的进化与意识的进化是极其相似的。在意识的进化中，过去是一股无与伦比的力量，它不断挤压着现在；而现在就像是一个弹簧，在巨大的压力下，一种新意识形态由此迸发而出。这种形式与过去的形式不能同日而语。

存在这样一个事实：不管是动物的外貌还是植物的外形都是特定原因所致。尽管没有人会否认这一事实，但它只是意味着我们能通过这一事实中的某些原因来解释动植物产生的形式。但是，我们是无法预见这一形式的。换而言之，如果我们知道这些原因的细节，就能知道它们产生的具体条件，近而也就能预见动植物的各种形式。但是，这些条件只建立于动植物的那些形式之中，属于它们形式的重要组成部分。只有在那些形式存在的某一历史阶段，这些条件才会存在。所以，这些条件是独一无二的，是在特定时间点存在的特定条件。在其所存在的阶段里，动植物等生命在产生自身形式的那一刻，便找到了命中注定拥有如此面貌的自己。

在一种独一无二的情势诞生之前，我们无法预见它；同样我们也无法预见一种过去没有发生、未来也不会发生的情势。那么什么样的情势才是可被预见的呢？显然，只有与过去相同并且能在未来之中再现的那些情势才是可被预见的，或者说那种可在未来用与过去相同元素构建起来的情势才是能被预见的。不管是在物理学和化学方面，还是在天文学方面都存在着这样的事实。

同样，在构成某个系统的过程中，也存在着这样的事实。我假设一个系统里存在着种种不变的要素，现在将这些要素随意地放在一起，并规定接下来可变的只能是这些要素的位置。当这些要素经过位置变化后，我猜想它们都能归复原位，这样猜想并不违反该系统的相关理论。经过我的假设和猜想之后，最终产生了这样的结果，即无论是与之相同的总体现象还是其中相同的基本现象都能被重复。通俗地解释就是，全部的要素及其单个的基本要素经过变化后都能回到原来的位置上。

但是，原来的情形把自己的一种东西传给了自己的各种要素，或者说传给了自己的各项局部视角，那么这种情形还能在其重新产生之前，被人们依照它原来的样子描绘出来吗？显然是不能的。

我想要表达的是，情形一旦产生，人们就能通过分析对它的各项要素进行解释。现在，由于一种情形的出现，或者说一种东西的出现，继而产生了一个新物种。对此，我认为这种东西也同样能产生一个新个体。概括来说就是，这一东西适用于一切生命形式的所有瞬间。

为什么要这样说呢？这是因为变异能够产生新物种，而能产生新物种的变异是需要具备一定条件的，比如这种变异必须达到一定的总体性，必须获得某种重要意义。只有在变异满足这些条件时，新物种才能产生。尽管如此，对于每一种生物来说，变异都是时刻发生的，这是一个连续不断且无法察觉的过程。即使是突变也是需要孕育才有可能产生的，物种在突变之前，往往都需要经历孕育这种突变的过程，经历一种成熟的过程。从这个意义上来说，生命就像意识一样，每时每刻都在进行着自我创造。

通过我们的分析和研究，我们已经拥有这样的观念，即生命与意识时刻都在进行着创造；同时也拥有了这样的思想，即生物的各种形式是不可预见的。但是，我们所有的智力都在排斥着这种观念和这一思想。

我们知道，生命在进化中形成了智力，荣幸的是，我们便拥有着这种智力。人们在生活中很容易便能够看出智力的功能是什么，即智力能指导我们的行为。换而言之，智力的功能就是帮助我们的行动做准备，就是在特定情形中帮我们预测出可能有利或不利的情况。由此可见，智力本能选出的东西与已知的东西是非常相近的。为运用“同类相生”的原则，智力才找出了那些记忆中的东西。我们可以通过常识来预测未来会发生什么，这其实就是智力的功用。

科学虽然提高了智力的精密性和准确性，但无法改变它的基本特性。这就像我们的常识一样，我们在从事科学研究时总是会关心事物重复的侧面，而很少在意它实则是一个新的整体。虽然这个整体是崭新的，但我们总习惯用科学的思维来将其分解成多个不同的要素或方面，这些要素或方面无一不是过去在我们生命中出现过的东西。

科学的工作范围是什么呢？其实，科学是利用自身的重复对象来研究新事物的，所以它的工作范围离不开其自身的对象。也就是说，它是在重复自身对象的范围内工作，或者说，它必须假定新事物是过去行动的对象才能进行工作。那么科学不包括的范围又是什么呢？历史中那些不能逆转、无法归复的东西是不在科学研究范围之内的。

为了了解这些不能逆转、无法归复的东西，并赋予它们一个较为贴切的概念，我们必须与科学思维的习惯暂时分开，向思维施加暴力，去对抗智力天生的思维方式。而只有依靠哲学才能做到这一切，所以这些也都是哲学的作用。

生命的两个基本特点是：生命的形式不可预见和生命可以进行连续性创造。生命就是以这样的特点展现在我们眼前的。但是这对我们又有什么效用呢？实际上，这对我们毫无效用。因为我们的观念总是逗留在生命的各种形式之上，总是执着于预见它们究竟是什么，也总是认为它们的不可预见性只是表面现象。对我们来说，我们无法预见生命的各种形式，不是因为它们具有偶然性，而是因为我们无知的外部表现。

据说，连续的历史可被分成一系列相继的瞬间，全新的东西可被分解成一个个原初的事实，而这每一个事实都是已知事实的复制品。不可预见的形式只是旧有要素的重新排列而已，作为整体，那些初级原因早已决定了这样的安排，它们本身便是旧有的原因，只不过当前是以新的次序呈现出来罢了。只要了解这些要素和初级原因，预见生命形式就会成为可能。

若我们将生物学的一些现象用物理、化学进行解释，我们就能跨过生理学和化学的门槛，从物质走进分子，从分子走进原子，再从原子走进微粒子，最终走进类似于太阳系的某种东西。如果你否定了这一过程，就相当于否定了科学机械论，也就相当于违背了这一理论的经典原则。或者，你就是在盲目、武断、毫无根据地证实这样一个事实，即生命材料与其他材料的构成元素是不同的。

然而，对我来说，有机材料与无机材料之间存在着基本统一性并不是一个值得怀疑的事实。虽然我从未怀疑过这一事实，但我依然要提出我的问题：生物的自然系统与科学分割出来的无机系统是否相似呢？是否可以将生物的自然系统比作构成宇宙的自然系统呢？我非常赞同一个观点，即生命是一种机制。但是，我又要问生命是怎样的机制？是人们从宇宙中分割出来的一部分机制还是一个整体机制呢？

假设整体机制中的“整体”是一种在任何情况下都无法被分割的连续性，或者说我们从这一整体中切割出来的系统并不是整体的各个部分，而是对整体的局部视角，那么即使重新将这些视角连在一起，我们也无法重建这一整体，这就像是我们用某一对象的照片来构建这一对象是不可能完成的一样。举例来说，我从某一对象的不同视角为其拍摄了一万张照片，然后，我假设自己能以最完美的方式将这些照片拼置起来。而我的结论是，即使我再如何拼凑，也无法重新构建一个完整的对象。同样，在这种情况下，我们竭力想要复原的那些物理、化学现象是无法重现的，我们的生命亦是无法重现的。

毫无疑问，人类通过分析会将有机体的创造过程进行人为的分解，这些被分解出来的东西不是别的，而是我们科学所认可的那些物理和化学现象。人们对有机体创造过程的分解是持续进行的，因此我们的物理和化学现象也是不断增长的。化学家和物理学家自然乐意这种情况发生，除此之外，他们别无所求。然而，这并不说明化学和物理学是我们理解生命的钥匙。

9. 生命最伟大的特性——绵延

假设空间中存在一条弧线，那么关于这条弧线存在这样的事实：弧线是由许许多多个极小的元素组成，每一个元素都接近于直线。弧线上的元素越小，这些元素就越接近于直线。我们可以自由地解释每一个元素，既可以把它当作是弧线的一部分，也可以把它看作是直线的一部分。因为每一个元素点都在这条弧线上，同时也在弧线这一点的切线上。如果生命是一条弧线，那么在它的每一个点上都有一条“生命力”的切线，而这条切线也就是物理化学力的切线。

实际上，这些点只是我们注意力的集中点，或者我们头脑想象出来的观察点。我们的头脑生成弧线运动的每一个瞬间，都会想象出一些停顿点。如果说物理化学元素构成了生命，那么同样也能说直线构成了圆弧。

通常来说，一门科学如何才能达到最激进的发展呢？我认为当一门科学能用它全部的结果去构建一个整体的新格局时，它便达到了最激进的发展。而要想构建这样的一个新格局，就需要借助这些结果与整体的关系，将它们变成持续运动中的具有共时性的不动视点。

现代几何学和古代几何学的关系就相当于几何学这门科学的结果与整体的关系。古代几何学运用的是一成不变的图形，因此它是纯静态的；现代几何学分析的是图形的连续性运动，研究的是函数的各种变化，因此它是动态的。现代数学的起源正是因为数学家将运动引进了图形而生成的。

数学是非常接近于其研究对象的，如果生物学也能如此接近它的研究对象，那么它与物理、化学的关系就相当于现代数学与古代几何学之间的关系。物理学和化学常常会研究物质及分子的位移。如果将这种研究对象与生命的内在运动相联系，那么它们之间的关系就会变成运动对象与空间运动那样的关系。

就我们所能观察到的来说，从生命行动的范围过渡到其所暗示的物理、化学事实的过程，就相当于函数过渡到导数的过程，同时也相当于从弧线方程过渡到切线方程的过程。

生命的科学就是一门研究有机体变形的力学。对这门科学来说，研究平行移位的力学是它的一种特殊情况，或者说是一种在简化的数量层次上的推测。这些函数要通过某个常数来相互区别，就像是函数趋向无限性的快慢；这就取决于它的常数。每一种生命运动都要依赖于物理、化学元素的整合，这种整合可能只决定了生命运动的不确定的一个部分。

但是，这种整合只能出现于梦中，并不能变成现实。我只希望能在尽可能大的范围内对生命运动做一番比较，并揭示我的理论观点和机械论观点的相同与分歧之处在哪里。

实际上，如果用无机体来模仿有机体可能是非常有效的。现实中，化学家们已经通过相关知识制造出了有机综合体，同时生物学家通过实验也人工构造出了有机体的相关事实，比如原生质循环、间接细胞分裂等。

众所周知，原生质层是细胞的重要组成部分，它可以影响细胞膜中的多种不同运动。另外，间接细胞分裂是一种科技含量较高的细胞实验，生物学家需要经过复杂的手术，手术中不仅涉及细胞质与细胞核的相关内容，还要将中心体一分为二，然后沿着细胞核外围的膜制造出部分组织。一个中心体被分为两个中心体后，这两个中心体会与被“裁剪”出来的丝状体的双重尾端相结合，并形成两个完整的新细胞核。最后实验者利用这两个新细胞核构成两个新细胞，并取代之前的那个细胞。

目前，这类手术有很多，它们已经成功地复制了细胞的轮廓和外貌。例如，将糖或食盐磨成粉后与食用油混合，然后用显微镜观察这一混合物，就能观察到一种泡沫蜂窝结构。这种结构的形状与原生质的形状相似，在该结构体中发生的运动也相似于原生质循环。若在这种泡沫蜂窝结构里抽去一个泡沫中的空气，便可形成一种“吸管”结构，这种“吸管”结构与细胞分裂时形成的中心体外围的结构相同。

即使是对变形虫这种单细胞的外部运动，利用机械学知识也能很好地给予解释。例如，将变形虫放在水中，其在水中的运动类似于尘埃在通风房间中的运动。在变形虫进行生命运动的过程中，它时刻在吸收着水中的某些可溶性物质，同时也时刻在向水中排泄某些物质，这种物质交换可以连续不断地发生。变形虫的细胞膜就像是一层滤纸，而滤纸的内外是两个容器，滤纸时刻为内外两个容器进行着物质交换，这样变形虫的周围便形成了一种持续变化的漩涡流。

周围媒介很容易对变形虫的形成产生某种吸力，而变形虫临时形成的延伸或假足却没有如此容易。除了研究这些方面，我们还会研究变形虫的其他一些更为复杂的运动。例如，变形虫可以通过纤毛振动而做出一系列复杂的运动，这种纤毛可能只是固定的假足，只有随着变形虫身体的运动，这些假足才会随之运动。

然而，科学家们对这类解释和概论的价值颇为不以为然。化学家已经向我们表明，科学迄今为止除了在器官中构造出了生命活动所代谢的废物外，还没有构造出其他什么值得一提的东西。同时，他们还指出，综合体是无法由异常活跃的可塑性材料构成的。自然学家已经强调，生命组织中

存在着两种对立的秩序："前进演化"和"倒退演化"。

前进演化和倒退演化具有不同的作用，前者可以通过吸收非有机物将较低层次的能量提升至较高水平，并构成机体组织；后者是生命实际功能具有的一种秩序，它能使生物的能量逐渐衰退。物理、化学研究的就是倒退演化的相关事实，它们研究的都是死去的东西，而不会研究那些活着的存在。

我们或许可以对有机体的一些事实进行物理、化学分析，但对另外一些事实则不能进行物理、化学分析，不管这类事实是否具有前进演化的性质。我们现在还没有解决原生质层生理结构的问题，因为我们暂时还无法通过化学合成细胞的原生质。尽管我们现在能对原生质的外表进行人工模仿，但在原生质的结构问题还没解决之前，我们需要在理论上赋予这种人工模仿以重要的意义吗？

事实上，对很多人来说，用物理、化学知识来解释变形虫的运动和纤毛虫的行为是不能成立的。因为尽管这些有机体是极其低等的，但人们在如此低等的有机体中却发现了一些心理活动的踪迹。这些研究给我们带来的启发是：人们在进行科学研究的过程中，并不能完全用物理、化学知识来解释一切，而削弱这种趋向的正是人们对组织学现象的研究。

组织学家威尔逊对细胞发育做过这样的结论：总体来说，人们对细胞的研究扩大了低等有机体与无机界之间的距离，而不是缩小了这一距离。

关注生命功能活动的那些人往往会用物理和化学来解释生命过程，但实际上，物理和化学所研究的只是化学曲颈瓶内发生的生物现象。这也是生物学具有机械论趋向的真正原因。相反，关注生命组织结构和生命进化起源的人不仅有组织学家，还有胚胎学家。这些人真正感兴趣的不仅包括曲颈瓶中的生物现象，还包括承载那些现象的曲颈瓶。他们在自己的研究中发现，这个曲颈瓶通过瓶内的运动创造了其自身形式。因此，组织学家、胚胎学家、自然学家远没有生理学家那样相信生命活动具有物理、化学特征。

由于我们无法证实这两种理论，所以不管是肯定人类可以利用化学方式制造出初级有机体，还是对此加以否定，都是不够权威的。我们现在的科学还不足以证明生命物质可以通过化学合成，所以就无法真正证明前一种理论。同样，我们也没有实验能证明这一事实的不可能性，所以亦无法证明后一种理论。

我认为生物系统与科学隔离出来的系统是不相似的，对此我们已经加以阐明。由此我们懂得，对变形虫这种再进化的可能性十分微小的低等有机体来说，支持我观点的理由并没有那么有力。不过，对于那些复杂有机体，支持我观点的这些理由仍具有较强的说服力。

生物的绵延特性是有机体与机械结构之间存在区别的强有力的证据。绵延会穿透生命，却只能从机械机构的表面掠过。绵延存在于生命的进化之中，存在于最低等的生命形式之中，它是生命材料的结合与延续，是一段不可分割的历史。进化论与机械论的观点并没有想象中的那样相似。当然，我们也没有利用数学来反驳机械论的概念。我们从现实观察中得出的反驳是唯一可能成立的反驳，这一反驳越是严密和令人信服，进化论的观点就越是坦率。

2

Section

进化的方向：
一根藤上“七色花”

生命最初有一条原始的进化路线，然而在进化的路上，生命遇到了种种阻力，为了应对这些阻力，生命不得不开始改变自身。于是，生命的形态和功能就开始发生变化，当这种变化累积到一定程度时，新的进化分支也相继产生。最初，生命只有一条进化的藤蔓，之后又长出了许许多多的支蔓，而藤蔓上的花朵颜色也从一种变成了多种。

然而，在漫长的岁月中，进化的藤蔓由一根主蔓变成了三根主蔓，它们分别对应了三大王国：动物王国、植物王国和微生物王国。同时，每一个主蔓都不甘寂寞，它们的周围又分化出了无数的支蔓。生命的进化是在不断地尝试中展开的，而它的进化方向也充满了偶然性。

变异是改变生命进化方向的主要因素，随着微小变异的累积，一些生命就会偏离它们原来的进化方向而另辟蹊径。没有什么能阻止这些变异的产生，它们是生物适应环境时必然会产生的结果。因此，进化的方向虽然充满了偶然性，但其中也包含着某些必然性。

1.进化是机械地前进，还是目的明确的“阴谋”？

用机械论来解释被科学分离出来的那些系统是适用的，但用机械论来解释未被科学分离的整体系统则是欠妥的。因为这样的解释忽略了时间，并将绵延抛出在外。机械论解释的本质是什么呢？很明显，它的本质是一种把一切都当成已经既定的，是把过去和未来当作可用函数来计算的现在。

按照这种机械论的假定，只需利用超人的智慧便能计算出过去、现在和未来。相信机械论的科学家都会按照这种假定行事。对这些科学家来说，机械论不仅具有普遍性，还具有客观完美性。

拉普拉斯对机械论的假定进行了精确地阐述，他认为一种超人的智力如果能在某一瞬间知道自然赋予生命的全部力量，并且知道自然生命的全部形式，那么它就能把握一个与宇宙最大天体和最小原子的运动公式相同的公式。在拥有这种智力的人眼中，世界上不存在不确定的东西，他不仅能将过去看得一清二楚，也能将未来看得一清二楚。

杜布瓦·雷蒙表示：“当我们对自然的认知达到一个点时，我们就可能用一个数学公式来表示世界的普遍过程，这个数学公式是一个共时性微分方程，它作为一个巨大的系统足以将世界表示出来。而当这一过程完成后，我们就能利用这一公式计算出世界上任意一个原子在每个瞬间的位置、方向和速度。”

赫胥黎也表达过同样的思想，但他的表述更为具体。他认为不管是有生命的世界还是无生命世界都是整个世界的一部分，而整个世界是由各种分子遵从既定的自然规律相互作用的结果，并且这些分子与构成宇宙星云的分子一般无二。如果将进化作为整个世界的基本前提是正确的观点，那么据此同样能够确定：现在的世界事先就已经隐藏在了宇宙的蒸汽之中，我们利用足够的智力，通过这种蒸汽分子的相关知识，就能预测出一个国家在某个历史时刻的动物种群的情况，这种预测的准确度相当于说出人们在冬天呼出的水蒸气一般。

这一学说同样提及了时间这一概念，人们对时间往往是口是心非的，因为虽然他们说出了这一概念，心中所想的却并非是它。为什么要这样说呢？因为这里的时间形同虚设，已经失去任何效力，即使说出了它也相当于没有它。

激进机械论是一种形而上学的理论。其中所描述的整体具有永恒性，这也是这一整体的基本条件。这个整体中的事物表现出明显的绵延特性，但这样认为也仅仅揭示了思维的弱点，因为思维不能在同一时间知道一切。但对我们的意识或经验来说，它所谓的绵延却与这里的绵延十分不一样。我们将绵延当作一股无法逆行的水流，它不仅是我们存在的基础，也是我们生存于世的根本实质。用普遍性的数学来描述世界只会向我们昭示一种令人眩晕的前景，同时也是毫无用途的。我们不能牺牲经验来满足一种科学系统的要求。这也是我反对激进机械论的理由。

同样，出于同样的理由，我也不能接受激进目的论。莱布尼茨的前定论是一种极端形式的学说。在这一学说里，生命与物体都是预先安排好的存在，或者说它们的存在是一种事前的规划。但是，如果所有的东西都能被预见，同时宇宙中没有任何发明、创造的话，那么时间则又会变成一种无用的东西了。目的论与机械论一样，它们都假定所有的东西都是既定的或事先安排好的。因此，目的论与机械论的本质是一致的，它只是一种叛逆的机械论而已。目的论和机械论来自同一种推论，它们唯一的不同在于目的论自以为给我们提供了一盏向导般的明灯。

连续仍旧是一种表象，它与运动本身的性质别无二致。莱布尼茨在他的学说中，将时间削弱成一种知觉，这种知觉令人无比困惑，它的出现与人们所处的位置紧密相关。在真正的智慧面前，这种知觉会像迷雾一样消散。

目的论和机械论都是没有严格纲领的学说，它们允许我们在应用它们时可以随意变通。实际上，对于机械论这一学说，我们既可以采用它，也可以抛弃它。那么什么情况该采用、什么情况该抛弃呢？如果世界上最微小的尘埃没有沿着机械论预见的路线前行，并显示出了某种自发性，那么机械论哲学便应该被抛弃。相反，如果最微小的尘埃一直沿着机械论预见的路线前行，并没有表现出任何自发性，那么机械论哲学就应该被采用。

在后一种情况下，目的论永远不会被彻底性地驳倒，如果它的一种形式被世人否定了，那么它又会以另一种形式出现在我们面前。从本质上来说，目的论遵循心理学的原理，因此它极具灵活性。它可以不断扩展自己的范围，从而使自身具有综合性。这种扩展范围的工作可以一直进行下去，以致你一旦拒绝纯粹的机械论，就会立刻接受目的论的观点。因此，我所阐述的内容多多少少都会带有目的论的色彩。正因如此，明确我们需接受或放弃目的论中的哪些东西是十分重要的。

首先要说明的是：在我看来，打破莱布尼茨的目的论，使其变成比较浅显的碎片，这种做法明显是错误的。或者说，这无异于向错误的方向更进一步，但是，这种趋向也正是目的论的趋向。目的论的理解是：如果人们将宇宙看作是某一种计划的实现，那么这种观点是无法用经验来证实的。即使利用有机界的知识来证实自然中的一切和谐性也是并不容易的。

人类试图去证明某些东西，而事实却证实着相反的东西。大自然将生物聚在一起，不是一定会让它们和谐相处。自然母亲在每一方面规定好秩序的同时也会存在着无序，有进化的地方也必定有退化的地方。但是，无论是整体材料还是整体生命都不能证实目的性。

目的论者始终会提出疑问："若观察单一的有机体，目的性不正符合事实吗？有机体的各组成部分难道不是分工明确的？难道其中没有存在着惊人的一致性？我们只看到无限的复杂，难道看不到其中也存在着完美的秩序？每个生物的存在难道不是为了实现其固有的计划？"实际上，这就是将目的论变为零星碎片的过程。这种理论是反对外部目的性的思想。

而外部目的性的思想又是怎样的思想呢？其实，这种思想主张生物是按照它们之间的关系而被安排就位的，即它假定青草之所以存在是为了让牛羊吃掉，而牛羊之所以存在是为了让豺狼吃掉。对很多人来说，这一切都是荒谬的。

与外部目的性相对的是内部目的性，这种思想表明，生物是为了自身而被创造出来的，而不是为了别的什么才被创造出来。生物的每一个部分都会为了整体获得最大利益而同心协力。也正是出于这个目的，生物的各个部分才会被完美地组织在一起。这种理论便是被奉为经典的目的论。

目的论已经将自身缩小在了一个点上，它绝不会在同一时刻包含多种生物。目的论自以为通过缩小自身能减少自身受攻击的面积，但是，这样做反而增加了自身受攻击之处。他们的理论或许看起来有些激进，但在我看来，目的性除了是外部的之外，便什么也不存在了。

2. 进化中的发明创造只是旧元素的重新组合吗？

现在，让我们来研究一下那些复杂且和谐的有机体。据说，生物的每一个部分都会为了整体获得最大利益而同心协力。这听起来非常美好，但我们不能忘记这些事实：每一个元素都可能是一种特殊情况下的有机体，如果将这些小的有机体看作是整体有机体生命的一部分，或者前者从属于后者，那么外部目的性原则便是成立的。因此，内部目的性的思想是不攻自破的。

于是，我们认为有机体是由多个组织构成的，每一个组织都为其自身而活着，甚至就连构成这些组织的细胞也是独立存在的，为自身而活的。严格来说，如果个体的构成元素将自身归属于该个体，那么我们就可以不把它们看作是个体，只能将有机体这个名称赋予该个体了。在这里，我们只能分辨出外部目的性。

然而，众所周知的是这些元素都具有一定的自治性。例如，噬菌细胞可以独立发展，甚至会攻击滋养它的有机体；胚芽细胞除去体壁细胞可以独立拥有自己的生命；在再生现象中，一个元素或部分元素若能显示出超越其自身的特性，也可以被看作是整体的等价物。

在这里，我们的理论还存在着一些活力论的障碍。我们不应该责备这些理论，也不应该以问题来回答问题。活力原则或许解释不了我们的问题，但它能为我们展示自身的无知；当机械论让我们忽略自身的物质时，它便能站出来提醒我们。

但是，想要清楚地表达活力论的观点并不容易，比如用以下的事实来表达它的观点：自然界中不存在绝对的外部目的性和纯粹的个体性。个体的组成元素也具有一定的个体性，如果个体遵循自己的活力原则，那么其组成元素也需遵循这种原则。然而，个体自身并没有完全的独立性，或者说它的独立性是不够充分的，其独立性不能让它完全脱离其他物体而存活。同样，个体的独立性也不足以让我们赋予其“活力原则”。

世界上所有有机体之中，最具有个体性的有机生物是高级脊椎动物。一般情况下，高级脊椎动物都是由卵子和精子结合发育而成的。卵子由母体提供，精子由父体提供，卵子与精子结合后形成受精卵，受精卵发育成胚胎，最后胚胎生长成新的高级脊椎动物。受精卵是母体和父体的连接环节，新的高级脊椎动物同时具备父母双方的部分性质。

充分考虑这一点，我们便能懂得：每一个有机体包括人的有机体都是由父母的联合体发育而成。就这一点而言，个体的活力原则究竟是从哪里开始，又是在哪里结束呢？为了回答这个问题，我们需要追溯过去，直到与个体最遥远的祖先相遇。直到这时，我们才发现，单一个体与它的祖先是相一致的，或者说它与祖先细胞的原生质的一小块相一致。由此，我们能够猜想：细胞原生质也许是生命系谱这棵大树的根本。

一定程度上来说，这一个体不仅与其祖先相一致，也与其祖先的分支后代相一致。由此我们可以说个体与生物的整体是相联合的，这种连接的纽带虽然不可见，却是真实存在的。由此可见，如果只将目的性规定在生物个体性上是没有作用的。

如果生命世界确实存在某种目的性，那么这种目的性便包括所有个体的全部生命。显然，每一个体都拥有这种呈现许多裂缝的生命，或者说呈现出许多不连贯性的生命。但是，无论怎样，这一生命都不可能用数学来计算，也无法允许任何生物被个体化到一定程度。

不过，这一生命不管如何不连贯，它毕竟发展形成了一个完整的生命。对此，我们可以彻底否定目的性，也可以提出另外一种假说。我们非常清楚这一点，即这种不连贯的生命最终将有机体的构成部分与其本身协调了起来，同时又将每个生物与整个生物群体协调了起来。但我们必须在彻底否定目的性和另外提出一种假说之间做一个选择。

为了将目的性彻底粉碎，不让它更容易被人接受。我们需要彻底否定这一假定，即生命都拥有固有的目的性的假定。如果对这一假定不做否定，那么我们就必须处理这一假定，处理这种目的性与彻底粉碎它的方式显然是不同的。

激进目的论的错误与激进机械论的错误一样，它扩大了人类智力中那些天然概念的应用规模。最开始，我们只会为了行动而思考。那时，对我们而言，行动是某种模型，而我们自身则是指导这一模型生成的设计师。我们会将所有的智力注入所设计的模型之中，并为自己的作品而感到自豪。如果一种行动已经成为必然，那么过多的沉思便是奢侈的。

但是，今时不同往日，为了更好地行动，我们需要从策划一个目的开始。于是，在行动之前，我们一般会先拟定一个完整的计划，然后再制定完成计划的相关细节。我们先完成第一步，然后才能以此为依据来进行第二步操作，接着以此类推。在这个过程中，我们需要想方设法从过去的经验中吸收一些相同的东西，之后才能凭借它们预测未来。因此，不管有意识还是无意识，我们都必须利用因果规律。

我们的因果性思维越是敏锐，其数学因果性的形式就会越加明显。思维的规划要想变得具有更严格的必然性，就需要更多的数学依据。因此，我们只有沿着我们思维的倾向前进，就能拥有数学家的敏锐。但是，必须指出的是，人脑天然的数学倾向只是我们意识在顺从习惯时所构建的一种无意识框架而已。这种无意识框架略显僵硬，而这种习惯却有着自己的目的。这一思维习惯的目的能够指导我们的行动，或者是指导与重构模式相结合的运动。

我们不仅是天生的几何学家，也是天生的艺匠。我们之所以是天生的几何学家完全取决于我们是天生的艺匠。因此，人类的智力不是一开始就有的，而是为了满足行动的需要一点一点形成的。从这个意义上来说，为指导我们的行动，智力会同时进行多种运动，比如它会进行规划和计算，适时调整实现目的的手段，设想多种不同的集合形式等等。

我们的思维趋向不同，对自然的看法也会不同。有人将自然比作一台庞大而系统的机械，并认为这台机械始终都受制于数学规律；有人将自然

比作一个计划的实现，它的每一步都是计划下的行动。这两种思维倾向产生了不同的结果，它们相互补充，且又同根同源，而其共同的根源则是生命的必然性。

如果以此为基础，可以看出激进目的论和激进机械论之间的许多观点是极为相近的。这两种学说都否定这样的观点：在事物的发展进程中存在着一些不可预测的创造形式。在对现实进行考察时，我们发现机械论只关心重复的形式或相似的方面。因此，它受限于“同类相生”的自然规律。

我们越是去强调和凸显机械论中存在着的几何学，机械论本身就越是不会承认某些东西会被创造出来，即便是最纯粹形式的东西被创造出来，它也不会承认。因为我们都是天生的几何家，所以对那些不可预见的东西，我们是断然拒绝的。但是，也不尽然。有时候，我们又会接受这些东西。这是因为我们也是天生的艺匠。艺术的生命是被创造出来的，艺术是一种天性的自发，它也象征着一种潜在的信念。

但是，与过多的沉思一样，过多的进行无关利害的艺术是一种奢侈。我们很早以前便是艺匠，那时我们还没有成为艺术家。在早期的艺匠生涯中，一切制造都依赖于重复和相似性，无论这种制造如何粗糙都是如此。自然几何学是一切制造的支点，而一切制造所依赖的东西，即重复和相似性就像自然几何学一样。所有的制造依据的模型不是创造出来的，而是早已准备好的，我们只要依照准备好的东西进行制造，或者说依照这一模型进行制造即可。

即使是所谓的发明创造，也只不过是一些旧元素的重新组合，我们依据的是那些已经存在的元素，而不是全新的元素。而且，在制造过程中，我们始终要遵循一个制造原理，即“同类相生”的原理。总而言之，运用目的论的原理就如同运用机械论中的因果关系，最终总会引导出这样的结论：所有东西都是已知的。由于这两种原理应对的是同一个需要，所以它们以自己的方式表达了同一种意思。

3. 了解进化的真实先要寻找其理式

目的论的原理与机械论的因果关系原理都运用它们的方式表达了它们的意思，同时这些方式也成为它们抛弃时间的理由。真正的绵延就像是一只巨兽，它一步步吞噬着一切事物，在吞没一些事物的同时也在另一些事物上留下了齿痕。如果一切事物都是转瞬即逝的，并且每时每刻都在发生着内部变化，那么同一个具体事实绝不会重复出现两次。

虽然重复的事实不能在现实中重复两次，但它可以在我们的思维中进行抽象的重复。这里被重复的就变成了我们感觉的侧面，特别是我们智力的侧面。这些侧面之所以能在现实中被明显地凸显出来，是因为我们的行动只有在一次又一次的重复中才能完美地运行。

因此，智力便会抛弃时间，将注意力集中于那些被重复的事物，并致力于将相同的事物紧密相连。智力讨厌流动的东西，喜欢静止的东西，因此它会将所遇到的一切都固化成静止的事物。

我们生活在真实的时间里，却很少去思考时间究竟是什么，因为我们的生命远远超越智力。我们感到一切事物包括我们自身都在进化，这种感觉使智力周围形成了模糊边缘，一种处于黑暗之中的模糊边缘。而机械论和目的论却不会考虑这种处于黑暗中的模糊边缘，它们只会考虑智力中央那闪闪发光的明亮核心。

但是，它们忘记了一些事实：智力中央的明亮核心是由它那模糊边缘不断凝缩而成；我们必须使用整体的智力，不仅要使用流动之物，还要使用凝聚之物，才能真正把握生命的内部运动。

事实上，如果智力那模糊的边缘真的存在，不管它多么纤细和朦胧，都比智力的明亮核心更加富有哲学意义。因为正是由于它的存在，我们才能确定智力的明亮核心，也才能确定智力是一种更广泛力量的凝聚形式。正是由于模糊的直觉对指导我们的行动没有丝毫用处，所以我们才能想象它既可以作用于生命的外在，又可以作用于生命的内在。

只要我们能打破激进目的论和激进机械论对我们思想的禁锢，真实就会像喷薄的泉水一样涌现出来，一旦它达到了自己的极限高度，就会立刻降落下去，成为过去的存在。这时，智力的双眼会一边扫视它，一边向后观望。这就是我们内在生命的真实情况。

我们看到的是当前的种种行动，但我们总习惯于去发现这些行动之前的那些行动。一定程度上来说，当前的行动就是之前行动作用的结果。当然，我们也可以将一个行动看作是一个意图的实现。就此意义来说，我们行为的演进过程中充满了机械作用和目的性。

如果我们的行动是出自己创造的，并隶属于我们的个性，那么这些行动就是不可预见的，即使我们可以用先前的行动来解释当前的行动亦是如此。我们通过一个行动可以实现一个意图，但是这个行动作为一种当前的新事实，与那个意图是不同的。那个意图可以再度开始，也可以重新安排过去，但除此之外，它便不再拥有其他目的。因此，机械论和目的论不会显示我们行为的内部视角，因为它们只是行为的外部视角。我们行动的智力性被它们无情地吸收掉，但行为本身可在它们之间游走，并且可以延伸到更远的地方。但这并不说明自由行动是无常变化的，没有理由的。

什么才是任意的行为呢？我认为任意的行为就是在多种方案中按照自己临时的心意随意选择，并最终选择其中之一。这其实并不是一种成熟的内心状态，因此它也不是一种真正的演化。它只是一种对智力意志的模仿，无论这一论断显得多么似是而非，事实都是如此。

相反，我们真正的行为绝不会去伪造现实的意志，而所谓行为的现实的意志，指的是一种始终在演进发展并保持自身的意志，这种意志在演进中不断发展，逐步成熟，最终发展成为真正的行动。在这一过程中，智力又会发生怎样的作用呢？它只会将行动无限地分解下去，但始终无法获得圆满。而这些行动最终被分解成为无法被人们察觉的各种元素。虽然自由行动与这一观念没有一点相同的地方，但这种观念的非通约性能用以界定行为的合理性。这就是人类进化的特征，亦是生命进化的特征。

我们的理性逐渐积累起难以更改的习惯，它往往会引导我们做出一些冒失和荒唐的事来。在一些时候，我们甚至会认为我们天生具有知道一切的权利，认为我们的理性已经具备了了解一切真理的所有要素。尽管如此，理性也必须承认它难以了解呈现在其眼前的对象。它的无知只在于，它不知道它的那些著名的分类表中，究竟哪一张表才适合眼前的新对象。

对此，我们的疑问还有很多：我们应该拉开哪一个抽屉并将这一新对象放入其中呢？我们应该为眼前的新对象穿上哪一件裁好的衣服呢？你可以选择这个，也可以选择那个，当然还可以选择另外一个。但无论你选择哪一个，它们都必然是已被想象出来和事先知道的东西。

为了解释眼前的新对象，我们必须为它创造一个新概念，或者用一种新的思维方式来考察它，但这些想法都是令我们反感和不愉快的。然而，哲学的历史本来就是存在的，它向人类表明了很多真实的情况，比如各种体系之间存在着永恒的冲突和矛盾；不可能用现成的概念来完美地解释真实；衡量尺度的制造是必要的等等。

但是，我们的理性不会走绝对和极端的路线，而只会自豪而谦卑地宣布说，它的思考范围只有相对的事物，而不包括绝对的东西。这番声明使理性肆无忌惮地开始使用习惯的思考方式。所以，对于一切事物，它都会以不触及绝对和极端为借口，而对其做出绝对的判断。

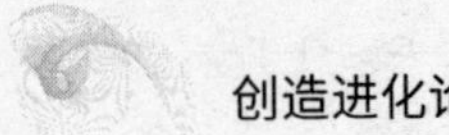

柏拉图的伟大之处在于，他是第一个建立“了解真实先要寻找其理式”之理论的人。那么，他的这一理论具体是什么意思呢?

举例来说，一个人想要了解生命的真实，那么这个人就应该将生命的真实这一问题强加于一种已经存在、可随意支配的框架之中。这就像是我们天生就具备了这些知识一样，当我们要解答问题时，只需将这些知识找出来，然后用以解答这一问题即可。

事实上，这一信念对人类的智力来说是十分自然的。我们在解释新事物时，总是会在脑海中搜索那些已有的知识和概念。这些知识和概念就像是一个个标题，可以作为这些新事物的类别。而我们要做的就是将这些新事物与这些标题一一对应，或者说，把新事物罗列在对应的标题之下。

一定程度上来说，我们人人都是天生的“柏拉图”，因为我们在生活中或多或少都会运用他的这一理论来应对各种问题。

但是这种处理问题的方式也有不足之处。它的不足之处在各种生命理论中表现得最为明显，没有任何地方能与其在各种生命理论中表现出的不足相比。在普通脊椎动物的演化进程中，在人类及其智力的演化进程中，如果生命必须放弃那些不适应特殊组织形式的元素，或者出于无奈将这些元素转移到其他发展路线，那么我们必定会重新审视生命，并且将其与智力再一次结合起来，这样一来，我们就能把握决定生命活动真实性质的那些东西。显然，这些东西不是别的，而是组成生命本身的全部元素。

在这些进化的过程中，我们智力的朦胧边缘，或者说我们的直觉可能为我们提供帮助，它会一直围绕在我们明确智力表现的周围。因为这些看似无用的朦胧边缘也是演化原理的一个重要部分，它尚未凝聚成人类智力组织的特定形式，只会看似毫无必要地围绕在这一特定形式的周围。除此之外，这一模糊的直觉边缘还能是什么呢?

4. 进化的结果是不完美的和谐

我们需要在直觉中寻找一些暗示，以便扩大我们的智力形式；同时，我们也需要吸取我们直觉的必要冲动，从而提高我们自身。要想对生命产生一个整体的概念，只将一些简单概念结合起来是远远不够的。因为这些概念早已在生命进化的过程中被抛在后面。

我们不能把局部当成整体，也不能把内容等同于形式，更不能把生命运作的副产品当作是运作本身。我们试图给生命下一个完美的定义，从而帮助我们理解生命究竟是什么。于是，就有人在看到生命的同质性和异质性之后，将生命定义为这两种性质的过渡。也有人会从自身那些并置的智力片断中去寻找答案，这些人固执地用那些并置的概念去界定生命。然而，这些所作所为明显都是我们的错觉。或者说，我们在定义生命时完全走错了方向。

我们把自己放在进化成熟的位置上，这显然是一个主要的位置，但绝不可能是唯一的位置。我们甚至不需要在这一位置上保留全部的发现，因为我们在智力中只会保留一两个用以自我表达的概念。我们总是会把局部当作整体的表现，甚至向外宣布局部已经超越了整体的表现。这种整体的表现不是别的什么，而是进化运动的表现。

实际上，即使用全部的智力来表现进化运动的实质也不算多，或者说还不够。生命的进化还有其他终结点，智力只是其中一小部分，我们还需要为其补充其余所有部分。我们要将变化多端的种种元素当作是许多摘要，它们曾经以粗鄙的形式出现在这个世界上，却保持着相互补充的特性。这时，我们才可能略微感觉到生命进化的实质，但即使如此，我们依然无法完全把握它。因为我们只能把握进化的结果，而无法把握进化这一产生结果的行动。

这就是生命哲学，这就是我们正在讨论的东西。我们所讨论的生命哲学在向世人宣布，它不仅要超越机械论，还要超越目的论。但是，我已做过这样的陈述——生命哲学在一定程度上与目的论极其相似，而与机械论相去甚远。如果进一步讨论这一观点，就能更加精确地表明生命哲学和目的论的相同与不同之处，这一点不会有错。

我们的生命哲学与激进目的论比较近似，但生命哲学的形式更加模糊。在这种哲学中，有机界是一个和谐的整体，但这种和谐并不完美。在和谐下，还存在着众多的不和谐。因为每个物种、每一个体都保留着某些普遍的生命冲动，它们会为了自身利益而利用这种冲动的能量，或者说它们拥有利用这种冲动的趋向。为了周围的环境，这种冲动是极为必要的，这势必也会产生种种的不和谐。

在这种冲动的作用下，每个物种或个体都会从自己的利益出发为自身考虑，这样一来就不可避免地会与其他生命形式产生冲突。因此，世界上并不存在完美的和谐，和谐只会在原则上或理论上存在。

原始冲动是生命共同的一种冲动。我们越是向前追溯生命之流的源头，生命不同的趋向就越是会表现得相互补充。一股风吹来时，它会因建筑的阻挡而分成不同的方向，但这不同方向的风始终都是同一阵风。所谓的和谐，确切地说就是互补性，这种互补性不能在状态中被揭示，而只能在群体中和趋向中被揭示。

关于和谐，我们必须要指出一点，这也是常被目的论误解的一点，即认为和谐在我们前面不如认为和谐在我们的后面。因为和谐不与我们共同的渴望相一致，它只与我们的冲动相一致。

对人类来说，给生命标注一个终点是毫无意义、毫无用途的。讨论这个终点，就相当于想象出一个事先存在、或设想一个等待实现的模式。为生命提前设定一个终点就意味着承认一切都是既定的，也意味着人类能够从现在预见未来。

生命的整体运动不仅仅是智力运动，为生命设定一个终点，就相当于将生命的整体运动当成了智力运动。但智力运动只是对生命静止且片面的观察，它是位于时间之外的一种运动。相反，生命的整体运动是在时间中发展和延续的。

我们在经历了一段旅途之后，才能去回顾它，然后标示出它的方向，将关于它的记忆一一保存下来，再用心理学术语将其表述给人们听。这个时候，我们会自豪地指着远处的那个地方，将它说成是曾经追寻过的终点。对于自我生命的表达也应当如此。但是，对于即将要走的路，我们却一无所知。这是因为这条路本来是不存在的，人类行走在上面便成了路。从本质上来说，这条路是人类行走的方向，除此之外，它便什么也不是了。

因此，无论在何时何地，要解释进化都需要借助一种心理学解释，进化必须承认这种解释的存在，因为从人类的角度来看，这无疑是最佳的解释。然而，这种解释只有在反思的时候才有价值和意义，除此之外，它便毫无价值和意义了。

若用目的论来解释进化，我们一定不能将这种解释当作是对未来的预期。因为这种解释的方式是参照现在来观察过去的。目的性的推论可能过多也可能过少，可能过分宽泛也可能过分狭窄。

而通过智力来解释生命，则会极大地限制生命的意义。在进化的过程中，我们的智力已经被形成，它就像是从巨大的事物上切割下来的东西，也可以说，它是一种特殊的投射。这种投射对真实层次来说是必需的，目的论应该重构的或一次性观察到的就是这种综合的真实。

另一方面，世界上也存在着一种超越智力的机能。这种机能可以连接那些相似的东西，并利用它们制造出重复的东西。只要观察到细胞的分裂和重生现象，我们就能明白这种机能究竟是什么。显然，它是一种生命的

创造。唯有生命的创造才能超越智力，并让智力自惭形秽。这便是创造性的真实。无论在何种效应里，这种真实都能扩张并超越它自身的存在。

对创造性的真实来说，种种效应并不是事先就有的，因此，它不能将这些效应当作自己的终点。这些效应一旦产生就能对这一真实进行解释，就像是再现模型的物品可以对其自身进行合理的解释一样。

总而言之，一种终极原因的理论，如果把自身限制在了这样的框架中，即智力是归因于自然的，那么这种理论走得还不够远。而如果这一理论假定自己现在的状态中存在着意念性的事先存在的未来，那么它又走得过远了。第一种理论错在欠缺，第二种理论错在过分，而第二种理论源自第一种理论。

我们必定要用综合性的真实来替换智力，这种真实的综合性越强越好。而对于综合性更强的真实来说，智力不是整体，而只是一种局部，也可以称为一种摘要。因此，若要问未来是什么，就会知道其实它并不是什么陌生的东西，它只是过去向当前的扩展，而当前中并没有标记终点的未来。

那么当前又是什么呢？当未来实现的时候，它就能为我们清晰地解释当前，而当前也能用来解释它。从这个意义上来看，我们需要尽量把未来看作是一个终点，而且还应尽量把它看作是一种结果。

我们的智力会对其自身存在的原因进行抽象地观察，因此它也有权按照其习惯的角度对未来进行抽象地观察。如此一来，我们似乎便无法把握智力存在的原因了。生命的目的论要如何来确证呢？看来，它已经无法被确证了，因为它早已逃避了所有精确的证明。如果我们超出了生命目的论的方向，又会如何呢？

事实上，我们在离题之后做了些许必要的讨论，又回到了我们根本性的问题上。利用事实是无法证明机械论的不足之处的，只有虔诚地信奉进化论的假定才能做到这一点。现在，需要表明的是，如果利用机械论不能充分地解释生物的进化，那么即使利用目的性的经典概念也无法证明这种不足，更不用说通过稀释或浓缩这些概念来证明它了。相反，我们不能停留在这些概念上，而是要向前走一步。

5. 不同个体却有相似器官，进化论还能相信吗？

在讨论生命时，我们说生命是一种冲动的延续，自生命诞生之时这种冲动就已经存在了。在漫长的进化过程中，这种冲动不断分裂成不同的进化路线。经过一系列的自我创造，生命逐渐发展壮大起来。

在这种发展中，生物向着不同的趋向分离，这些趋向互不相容，因此成长才能超出一些特定的点。没有任何东西能阻止我们的想象，生命的进化可能经历数千个时代的形变才能完成，但又能发生在某个单一的个体上。当然，也可以不说成单一的个体，而说成任意数目的个体。这些个体相继生存着，它们的发展序列呈现由低到高的形式。但无论在哪种情况下，进化都只有一个维度。

实际上，进化会出现在百万、千万的个体之上，它会沿着无数不同的路线前进，每条路线在向前延伸的过程中又会出现许许多多的岔路口，而每一个岔路口又会产生新的路径，这样不断放射性地发展下去，乃至无穷。

如果我们的设想是正确的。沿着进化路线运作的原因若是心理学方面的原因，那么这些原因一定存在着某些相同之处。虽然它们的结果可能不同，但我们无法剥夺它们相同的东西，就像是久别的校友都保留着学生时代的记忆一样。

一条道路可能通过分出旁支产生无数条道路，进化的道路也是如此。在进化的过程中，生命会一边分离出许多进化的路线，一边将一些元素分

散出去。这些元素会沿着这些进化的支路以自己独立的方式发展下去。尽管如此，能够使这些元素运动继续下去的仍然是生命最原始的冲动。

因此，生命整体的某些东西一定会存在于进化的不同部分之中。我们终究会通过一些特定的方式看清这些相同的元素。我们在生活中会有这样的发现，一些截然不同的个体之间却有着功能极为相似的器官。通过这样的事例，或许我们就能将不同的生命中那些相同的元素看清楚。

我假设以机械论对生命进化的解释是正确的。这样做就意味着我们必须承认：进化是由一系列事件的累积才产生的。在生命身上发生的一个新事件如果对生命本身来说是有利的，或者说是对生命发生的有利事件的总和是有益的，那么它就会自然地被保留下来，成为这一生命的一部分。

如果事实真是如此，那么将两种不同的事件相加，就会使两种不同的进化达到相近的结果。但是这显然很难成为可能。一条进化路线若是与另一条进化路线的差别较大，那么无论是外部影响还是内部变动都很难使生命造就同样的器官。换而言之，进化的差别越大，它们造就同样器官的可能性就越小。如果生命进化的分支根本无法产生这种相同的器官，那便更是如此了。

然而，与之相反，从我们的假定出发，不同生命的产物具有相似性是再自然不过的事情。即使在最新的进化通道里，生命的冲动也必定存在着一些来自源头的相同的东西。因此，纯粹的机械论不是不能战胜的，而是可以通过真实证明来驳倒的。而在特定的意义上，假设目的性在生物进化的道路上可以利用不相似的手段制造出相似的器官，那么它必定能在特定方面得到证实。这一证据的说服力将与选择路线的差异性、相似生命结构的复杂性成正比。

一些生命的结构具有相似性，之所以会出现这样的情况，是因为这些生命进化的条件大致相同。这些条件既有外部条件，也有内部条件。在永久性外部条件的影响下，构成生命器官的不同力量会朝着同一个方向发展，尽管外部影响和内部变化可能是短暂而多样的，但只要它们在总体上相同，就能在轮流作用之下，推动生命器官向着同一方向进化。因此，那些不同的生物具有相似的器官便不足为怪了。

诚然，我们同样也看到了“适应”这一概念在当代科学中发挥的作用和影响。生物学家经常会利用这一概念来解释种种生物现象。但是，他们对这一概念的使用也会存在不同。在一些人看来，生命物质中会产生物理化学形式的变化，这些变化需要具备一定的外部条件才能发生，而正是由于外部条件促使生命产生了这些物理化学变化，它们才会直接朝着一个方向进化。这是埃莫尔的假说。

相反，一些人更加相信达尔文主义。在它们看来，外部条件不是直接对生命的进化造成影响，而是间接地发挥作用。在生存竞争中，一些物种的代表更适应于外部条件，或者说外部条件更有利于这些物种的代表继续生存下去。当这些物种适应了外部环境，它们就有了发展进化的机会。

当然，我们还可以这样理解：一些外部条件对生物的影响是积极的，所以在这些外部条件的作用下，生物发生了变异；而对其他物种来说，这些外部条件的影响是消极的，而消极的影响消除了生物适应环境的变异。

这两种情况都假定在外部条件的影响下，生物都能对适应环境做出调整。因此，这两种学说支持者都试图利用生物对相似外部条件的适应来解释它们结构的相似。显然，这是一种机械的解释。有趣的是，我们正是利用生命结构的相似性来反对机械论的。所以，在深入讨论这个问题之前，我们必须指出为什么用生命对外部条件的适应来做解释。

在我看来，在上述两种假定中，唯一不模棱两可的是后一种假定。达尔文主义者认为生命会在适应过程中，自动淘汰那些不适应者，只留下适应者继续发展进化。这种思想简单、明确，非常具有说服力。但是，我认

为这一思想唯一存在的问题是：它认为制约进化的外部条件对生物的发展只具有消极的影响。正因为存在这样的问题，我们利用进化论来解释复杂器官的进化才会如此困难，同时利用它来解释从低到高的发展才会如此难以实现。

两种生物在两条不同的进化路线上却进化出了结构相似的复杂器官，对于这一事实，若再利用进化论的假说进行解释，则会出现极大的困难。无论多么微小的偶然变异都是大量物理、化学现象微小作用的结果。因此，生物偶然的变异一定是无数种小原因共同作用的结果。或者说，正是每一种小原因作用的累积，才能产生足以发生变异的巨大作用。需要指出的是，这些原因通常都是偶然发生的，它们处于不同的时间和地点，但最终为什么会作用产生同样的东西呢?

这种情况是难以令人理解的，谁都不愿意相信世界上会出现这样荒唐的结果。即使是达尔文主义者也只会给出这样的主张：相同的变异结果也可能是不同原因造成的；通往“罗马”的路不止一条，通往同一个变异结果的进化路线也可能不止一条。这看起来似乎是一个相当不错的比喻。但是，我们绝不能被一个简单的比喻给骗了。

进化与变异的目的地不会向生物给出通向它的路途形式，但一个有机体的内部结构为了到达这一目的地却通过了那些路线，实现了那些微小区别的累积。从这一点上来看，所谓的生存竞争可能毫无作用，所谓的自然选择也可能毫无作用，因为我们所关心的不是那些死亡的东西，而是那些活下来的东西。通过对这些活下来的东西的观察，我们发现在进化的不同路线上，生物已经通过微小结果的累积形成了相同的结构。

对此，我们不禁要发出这样的疑问：那些偶然的原因为什么会被假定为能反复造成同样结果的存在呢？而那些同样的结果又为什么会被假定为是由无数原因造成的呢?

我们的怀疑是有根据的，而不是随意给定的。我们需要再一次理清我们的思路来对进化论进行反驳。我们知道，许多物种的器官都具有相似的结构。若按照进化论的观点，它们是由不同进化路线产生的相同结果。但进化论何以能够假定进化路上那些不同的、偶然产生的，并且接近于无穷的原因就能反复产生同样的结果呢？显然，它是无法证实这一点的，因此进化论并非完美的，我们完全可以对其提出质疑。

6. 容器的形状决定水的形状，环境的形态决定生命的形态

机械论具有这样的原理：相同的原因产生相同的结果。但是，这一原理并不是绝对的，只有在特殊情况下，它才会产生这种影响。例如，当一种原因产生一种结果后，我们依然可以从这一结果中找到其原因的影子，或者可以看出这一原因真正成了其所产生结果的构成要素。

我假设两个旅行者从不同的地方出发，沿着街道随意地闲逛，走着走着两者却奇妙地相遇了。这种事情并不奇怪，现实中也极有可能发生。但如果让两位旅行者来描述自己的行程，结果他们却能描绘出两条精确重合的路线，那么这便是几乎很难发生的事情了。特别是当他们的行走路线越复杂，这种事情发生的可能性就会越小。如果他们的路线是无限复杂的，那么这种事就是一个不可能事件。

在一个动物的器官里，成千上万个不同的细胞按照一定的次序相互排列在一起。毋庸置疑的一点是，这些细胞都是有机体，它们都非常复杂。而由这些细胞构成的器官就更加复杂了。如果将旅行者行走的路线与动物的器官相比，就会发现路线的复杂性远远比不过器官的复杂性。

将这个假定转到另外一个假定，情况又将如何呢？这另外一个假定是

这样的：假设生命适应环境不只是淘汰不适应者，而是有机体在受到外部条件的积极影响后塑造了自身形式。在这里，我们就能将相似的结果归咎于相似的原因了。非常明显的是，我们都应该成为纯粹机械论的坚定支持者。

但是，若我们仔细观察就会发现，这不过是表面的解释，我们仍旧被语言欺骗了。这里利用的机巧在于，它同时将“适应”拆分成了两种不同的含义。

现在，我假设将水和酒轮流倒入同一个空杯子里，然后观察杯子里的液体，此时我会发现，杯子中两种液体的形式都是一样的。由此可以分析得出：两种液体的形式呈现相同性是由于它们对杯子适应的相同性。这里的“适应”指的是一种机械的调整。这里的理由很简单，我们可以看到明显存在的材料，比如水和酒；也能看到明显存在的形式，如杯子。将水或酒倒入杯子中就相当于使材料去适应形势，这里的形式是现成的，杯子已经把自身的形状强加在了酒和水这些材料之上。

将这个例子与生物适应环境的例子相比较，我们便能发现一些问题。我们知道，有机体必须去适应它的生存环境，但是，在生存环境中又有哪些形式可以强加于这些材料之上呢？或者说，像杯子一样事先存在的、固定不变的、等待着材料去适应的形式又在哪里呢？如果将生命比作流动的水是可以被接受的，但若将自然环境比作是杯子那便有些牵强了。环境不是模具，它也绝不是能容纳生命之流的“杯子”，因此，它不能让生命采用它自己的形式。一个比喻是很难让人看清这一点的。

在自然环境中，形式还没有出现时，生命就需要为自己创造出种种形式，而生命所创造出的种种形式必须与它们的生存环境相适应。生命在发展的过程中，必须充分利用这些环境并要学会趋利避害，具体来说就是抵消环境的不利，利用环境的优势。用一句话概括就是：在生命内部建立与外部运动不同的功能机制，时刻对这些运动做出必要的反应。生命的这种适应不是简单的重复，而是有目的的回应。两者是完全不同的概念。

如果自然界中的确存在着所谓的“适应”，那么我们完全可以这样来理解它的含义，即把它理解成一道几何题与它的解之间的那种“适应”。毫无疑问，几何题的解必须与几何题中的条件相适应，如果题目是相同的，那么自然也会要求它的解是相同的。这样理解完全可以说明不同进化路线中为什么会产生相似的形式。

在求几何题解的过程中，我们总是会引入一种智力活动，若我们按照以上的方法去理解生命如何适应环境，就必须也引入这样一种智力活动。否则，我们就至少得引入一种能发挥智力作用的原因。

这样一来，我们自然而然地就会再次引入目的性这一概念。而这一次的引入会使目的性更具有“人神合一”的要素。总之，适应不可能是被动的，也绝不可能是在环境赋予的模具之上进行简单的重复，否则，它无法造就任何生命形式。

而如果适应是主动的，是一种利用智力活动针对几何题中的条件计算出的解，或者说是一种主动的回应，那么它就超出了我们原本的方向，变得渐行渐远了。实际上，“适应”的被动含义和主动含义之间还存在着第三种含义，这种含义就像是一个秘密通道，位于前两种含义之间。每当我们深信不疑地涌向第二种含义，并立刻就要被它俘虏时，我们就能从第三种含义的秘密通道成功逃出。

其实，第二种含义正是常用来服务科学实践的。而在哲学上，第一种含义更能引人深思。第二种含义表明适应是主动的，是一种特殊意义上的适应。这种适应过程往往象征着有机体的一番努力，它的目的在于为生命建立一种利用外部环境优势的功能机制。而第一种含义表明适应是被动的，是一种一般意义上的适应，它表达的是毫无倾向的生命材料对外部环境的

被动接受，象征着生命体上有一枚来自环境的印记。

举例来说，我们现在将植物和动物做一番比较。我们知道不仅动物具有性别，植物也具有性别，两者在性别上完成了统一的进化。这种统一的进化也是一种平行的进化，它表明动物和植物之间具有性别方面的对应。这非常令人惊讶。

高等植物和动物的受精作用是相同的，不管是在植物身上还是在动物身上，受精作用都是两个细胞核的结合。虽然在结合之前，精子和卵子的结构、特征等是不同的，但在结合之后，它们便立刻变成彼此结构、特征相同的了。

除此之外，两种性元素的准备条件也极为相似。从本质上来看，性元素的准备过程就是减少染色体数目的过程，也是排除部分染色物质的过程。植物在自己的演化路线上不断向前发展，动物也是如此，两者的演化路线是相互独立的。而在独立的演化路线上，两者都会从环境中获利，同样也会应对环境中的不同障碍。正是由于这些利益和障碍才使得生命分化成了动物和植物这两大系列。

不管是在动物的演进路线上还是在植物的演进路线上，动物或植物的功能和形态的进化都取决于成千上万的原因。尽管这些原因复杂且不同，但它们在这两大系列中却分别造就了相同的结果。这种结果不是所谓的"适应"现象。生物的适应在哪？环境的压力又在哪？

生物在进化途中产生了性别，而性别的实用性并不明显，但人们对它的解释有很多种。部分极端的研究者甚至会将性别看作是自然赋予植物的多余物。对此，我们不做纠缠。一些简单的例子便能说明"适应"一词的模糊性，也能说明我们讨论相同进化结果时需要超越机械因果论和目的论的必要性。

目的论常会向人们强调感觉器官结构的奇妙，坚持这一学说的人甚至会将自然造化比喻成能工巧匠的运作。时至今日，在一些低等动物身体中，我们也发现了具有奇妙结构的感觉器官。在低等有机体的色素斑与高等动物的眼睛之间，大自然也为生命提供了许多中间形式的器官。这些器官之所以能存在，都是自然选择的结果。而在选择了这种器官后，自然又自动地对其加以完善。

若存在证明激起生物适应环境的理由，那么自然选择便是最好的答案。在研究有性繁殖时，或许我们会产生种种不同的讨论，甚至完全没有将其与生物适应环境和自然选择联系起来。但是，当我们在讨论眼睛与光的关系时，便会自然而然地将这种关系当作一种适应关系。

让我们来考察目的论紧抓不放的一些实例吧。人类的眼睛是一种复杂的器官，它们有着非常巧妙的构造。对目的论者来说，眼器官的正常工作与眼睛中所有元素的协调运作相关。这是进化论者才会给出的回答。眼功能的运作是由无数元素的共同运作维系的，若以这样的视角来讨论眼睛，的确能使我们将视觉看作是奇迹。

纤毛虫的色素斑具有可感光性，就仿佛具备了人类眼睛的功能。而它的这一功能是由轻度复杂的器官产生的，这种轻度复杂的器官的功能又可以继续改进。这种功能的改进既可能是由我们不知道的机制造成的，也可能是由这种功能本身对生物的有益效应促使自然选择它而形成的。因此，我们便能对眼功能的进化做一个解释：眼功能的产生是功能与器官不断作用和反作用的结果，是一种完全机械的原因。

7. 器官与功能——“相爱相杀”的存在

器官和功能是两种性质的东西，若想揭示两者之间的关系，单纯地研

究它们之间的某些东西是不够的。器官与功能之间的关系既是密切联系的，也是相互制约的。在研究这种关系时，我们不能机械地从器官开始，也不能带有目的性地从功能入手。如果我们不是比较器官与其功能，而是比较器官与器官，那么这一结果又会截然不同。从这一点着手就有可能打破僵局，逐渐获得更有说服力的结论。我们越是坚决地做出进化论的假定，就越是能触及成功。

我们知道，脊柱动物是比软体动物更加高级的存在。现在，我们以这两种动物的器官为例。例如，我们将人的眼睛与扇贝的眼睛作比较，通过研究我们发现，这两种动物的眼睛具有相同的基本成分。换而言之，人的眼睛和扇贝的眼睛的构成元素是相似的。扇贝的眼睛中不仅有巩膜、视网膜，还有晶状体和视网膜倒位。这些结构与人眼结构十分相似。但是，我们在比较其与非脊椎动物的眼睛时并没有发现如此之多的相似之处。

虽然我们对软体动物的起源还没有一个确切的说法，但不管怎样，我们在这一问题上所持的观点都是相同的：扇贝在进化出眼睛之前，拥有共同祖先的脊椎动物和软体动物就已经分化出了两种不同的进化路线。既然如此，为什么它们的眼睛还会具有相似性呢?

针对这个问题，我们将向进化论中的两种对立体系提出疑问。进化论中有这样两个概念：偶然变异和定向变异。偶然变异是一种随机变异，通常是在纯粹偶然的情况下发生的；定向变异是一种具有一定方向性的变异，是在受外部条件影响下朝着一定方向发生的变异。

第一种假定是在两种不同的情况下提出的。达尔文曾经提到过一种微小变异，并认为这种微小变异是一点点从自然选择中积累起来的。达尔文同样清楚生物还会出现一种突然变异，但是他只是将这种突变当作一种生物的畸形。在他看来，生物不是由这些突变产生的，而是由那些无法察觉的微小变异累积而成的。这种观点受到许多自然学家的支持。

然而，针对这种观点，却存在一种与之对立的思想。如果一个物种突然产生几种新特征，或者说发生了突然变异，那么我们能否说在突然之间一种新物种就产生了呢？这种假定已经被许多研究者所提出，其中就包括英国生物学家贝特森。虽然贝特森在自己的著作中提出了这一假说，但他并没有给出足够的实验证明，完成这一证明的人是植物学家德伏莱斯。

在德伏莱斯的实验中，这种假说具有了深刻意义，也更加具备了说服力。德伏莱斯在研究月见草时，经过一段时间的培育，他得到了一些新物种。他的实验结论令人十分感兴趣。这位伟大的植物学家认为，物种在繁殖生长过程中往往会经历两种时期：稳定期和变形期。当变形期到来时，生物就会非常“易变”，它们会在不同方向上突然产生许多新的形式，这些形式是我们难以预料的。

对于达尔文的微小变异假说和德伏莱斯的突然变异假说，我不会偏袒其中任何一个。实际上，这两种假说都有正确的部分。我所要表达的只是这样一个事实，即如果真的存在突然变异，那么不管这种变异的大小如何，都不能用来解释不同物种器官结构为什么会具有相似性这一问题。

达尔文认为自然界的生物中存在着许多无法察觉的变异，并且指出之所以生物之间会产生微小差异，就是由于这种变异的连续积累。现在，让我们先采取这种理论，同时还要记得有机体的各个组成部分必然是相互协调的。我们不必去考虑功能是器官产生的原因还是结果，因为这对我们来说并不重要。我们只要确定不能发挥功能的器官是毫无用处的，并且也不能被自然所选择。

视觉中枢或视觉器官的各个部分必定是与视网膜同时发展，人类才能拥有如今这样完美的视觉功能。如果存在一些部分没有跟随视网膜同步发展，那么无论视网膜的结构怎样发展或变得如何复杂，这种发展都可能会阻碍我们视觉功能的进化。或者说，这种发展绝不会有利于我们的视觉。

如果变异是偶然发生的，那么器官的所有部分又如何能同时发生这种变异？这种变异又如何使器官持续行使自身的功能呢？达尔文正是意识到了这一点，所以他才会将变异看作是无法察觉的。

达尔文认为若视觉器官的某个点上偶然产生非常微小的差异，那么这种差异是不会对整个器官的功能产生阻碍的。从这个意义上来看，当视觉器官发生第一次偶然变异后，还会发生一些补充性的变异，通过这些变异的积累才能使人类的视觉功能不断完善。

如果这种假说成立，那么在发生了第一次变异后没有继续发生补充性变异，情况又会如何呢？显然，这时达尔文所谓的无法察觉的变异就会不起任何作用了。也就是说，这种变异不会阻碍视觉功能，也不会有助于这种功能的发展、进化。这样一来，还能保留变异吗？为了反驳这一结论，你可能会牵强地找出这样的理由，即这些有机体的微小变异是其建立以后结构的基础，它们被不可察觉地保留了下来。但是这种说法与达尔文的进化论没有相似之处，它无法真正说明器官的变异，它也无法说明朝着单一路线发展的脊椎动物的眼睛是如何通过进化和变异形成的。

但在我们发现脊柱动物和软体动物这两者的视觉器官具有结构上的相似之处时，便不得不相信这一假说了。如果它们的变异是偶然的，那么在两种进化路线上无疑是不能产生无数相同的微小变异的。而如果它们的微小变异都是毫无用处的，那么这些变异便无法被选择性地保留，也不会积累起相同的东西。

显然，达尔文的假定没有解决我们的难题，那么转向“突然变异”的假定又会如何呢？事实上，突然变异的假定会减少我们一方面的困难，但又会在另一方面为我们增加困难。假设脊柱动物与软体动物的眼睛是通过几次突然变异才发展到今天的样子，才进化出如此相似的结构。若我们按照这种方式来理解两者眼器官结构的相似性，其困难程度要比将其理解成无数微小变异累积形成的相似性更小。

如果根据突然变异的假定来理解器官的相似性，我们不仅能更容易理解这些相似性的减少，也能更容易理解这些相似性的共存。在这里，元素的变异是有助于生物器官进化的，它们本身就是自然选择运作的对象。如果这样理解，很快又会产生另一个比较难以回答的问题，即如果器官的所有部分都突然发生了变化，那么它们为何还能保持良好的协调性并继续行使功能呢？

言外之意就是，如果眼器官的某一部分突然发生变异，那么整个视觉功能就会丧失。除非这种变异只能带给器官接近无限小的变化，否则这种情况便不会改变。由此我们得出结论：器官的某个部分一旦突然发生变异，它的其余部分也会跟着发生改变，只有所有部分同时发生改变，整个器官才能继续发挥功能。

我还有一个见解，这种见解或许更能解决我们当前的难题。在自然界中，有一些不幸运的个体在发生了大量不协调变异之后便被自然选择淘汰了。然而，也有一些幸运的个体能够适应延续、保留和改进视觉，这些个体被自然选择保留下来，得以继续存活和繁衍。假设自然能为生命提供一次恩惠：在物种进化的过程中，一个物种可以重复这种恩惠，每时每刻都能同时产生新元素，它们相互参照和调整，并能与未变异前的元素紧密联系，还能继续朝着相同的方向发展进化。如果真是这样，我们能否相信并承认这一点呢？我们能否认为那些偶然的改变是由突然变异产生的呢？能否相信两条不同的进化路线上具有相同次序的变异，并能使更加繁多复杂的元素获得完美的和谐呢？

8. 变异是一个变量，就像每滴雨落地的形状都不尽相同

达尔文在论述生物进化论时援引了相互关联规律。这个规律应用在生物进化方面就是生物的变异不是固定在某一点上，变异的反弹力也会波及其他的点。如今，达尔文引用的例证已经被人们奉为经典。例如，拥有白星眼的猫往往是耳聋的，天生没有毛发的狗通常牙齿都不完整。这些现实的例子都已经被人们证实。

但是，我们所说的相互关联与这里的相互关联完全是两码事。如果将这些例子中的相互关联用在整体器官上，那无异于在玩弄字眼。这些例子讨论的是具有相同变化的集合整体，而我们所针对的是互补变化的系统。互补的变化指的是相互协调的变化，这种变化不仅能维持器官的功能，还能改进器官的功能。

一只狗毛发的异常会伴随着其牙齿的异常是可以想象的，不需要进行特殊的解释。因为毛发与牙齿的构造基本相似，阻碍发根健康发育的化学变化同样也可能阻碍齿根的健康发育。猫的白星眼与其耳聋的关联也可能是出于同样的原因。这些实例中的变化只是某些一致的变化，它们要么是缩减，要么是抑制，从来没有增添。

而我们所说的相互关联的变化是在这样的情况下发生的，即动物眼睛的不同部位在突然变异时发生的变化。相比于达尔文给出的实例，在这种情况下，相互关联的变化具有一种全新的意义。这种变化是整套的变化、同时的变化，是与原有整体紧密连接的变化。与其说它是一种变化，倒不如说它是一些变化。这些变化相互协调，不仅能使器官行使与之前一样的功能，而且能使器官更加出色地发挥功能。

若眼器官的“胚芽”发生这种变化，它所影响的范围将会很广，比如它不仅能影响视网膜、眼角膜和虹膜的生成，还能影响晶状体和视觉中枢

的发育。这些构造物原本性质的差别可能大于毛发与牙齿之间的差别，但是，按照突然变异的假定，说这些同时的变化能够改善和维系视觉是我们难以接受的。除非存在一种特别的维系视觉功能的神秘原理，否则我们不会接受这种变化的结果。然而，如果存在这样的原理，我们就不得不放弃偶然变异的观念。

生物学家们常常会将相互关联的两种意思互换使用，就像他们互换适应一词的两种意思一样。一般来说，这种混淆在植物学中是合法的。植物学的物种突变理论是建立在实验基础之上的。与动物相比，植物的形式与功能之间的联系并不是多么亲密。植物器官形态上的区别可能对其行使功能没有明显影响，例如叶片形态的变化往往不能影响其功能。因此，植物的生存并不需要成套的互补性变化。但是，对于拥有复杂结构和微妙功能的器官的动物来说，情况便截然不同了。例如，在眼睛这一复杂器官上，我们不能将单纯的一致性变化等同于同时发生的互补性的变化。

在这里，区分互相关联概念的两种含义是必要的，若同时将两种含义分别用于我们推理的前提和结论，那肯定是错误的。而人们在用相互关联原理来解释互补性变异时便是这样做的。正因如此，人们才会将相互关联的变化当作某种“胚芽”的任一组变异。

目的论者在使用“相互关联”时，通常是这样理解它的，即将它理解成方便进行自我表达的一种方式。而从科学到哲学来解释这一原理的性质时，你可以用纯粹的机械论来纠正这一概念。而你纠正它的唯一方法便是借助其另一种新意义来驳倒它，但是这个新意义无法用于解释细节。

总之，生物进化中的偶然变异若是无法被察觉出来，就需要用一部分高质量的基因来将这些变异保留下来。而自然选择却做不到这一点。相反，如果偶然变异是突然发生的，那么要使器官能够行使原来的功能或以新功

能取代旧功能，就必须保证这些同时发生的变化都是互补性的。这样一来，我们转了一圈又回到原点上，因为这种情况同样需要高质量的基因才能维系。不同的是，前一次的高质量基因是用于确保变异的连续性，后一次的高质量基因是为了确保变异的同时性。然而，无论我们讨论哪种情况，唯一确定的是：两条独立进化路线上的复杂结构具有相似性，这并非是无数偶然变异累积的结果。

由此，我们就会面对这样的假定，即假定生物在外部环境的影响下才会发生变异，而不是因为偶然的内部原因才发生变异。现在，让我们坚持这个假定，再来审视不同物种眼器官的相似性这一问题，看一看究竟会产生什么不同的结果。

脊椎动物与软体动物是两个不同的物种，它们分别在各自独立的进化路线上不断向前发展。我们在讨论它们眼器官结构的相似性时可以联想到它们都处于这样一种外部条件之下，即它们都是在光的影响下生存发展的。对它们来说，光源是造成它们眼器官具有相似性的同一种物理原因。光对它们眼器官的影响是连续的，这些器官可能在光的影响下朝着一个方向产生连续的变化。

事实上，这两个物种的眼睛不可能是由同种机会引发的连续变异产生的，即使将光作为自然选择的因素，并保留下有益的变异，这两种器官的组成元素也不可能以同样的方式排列起来并保持相互协调。而如果将光作为直接影响有机材料的元素，并认为正是光改变了这些有机体的结构，那么最终的结果便会完全不同了。通俗地表述就是，我们不将光作为影响生物向一方向发生变异的因素，而是将其看作是直接影响有机材料的元素。这样一来，我们就能解释两种器官为何如此相似了，即它们之所以相似是因为同一原因作用在了它们身上。不断向复杂化演进的眼睛若是一种有机材料的话，那么光会在这种材料上不断留下印痕，随着时间的流逝，其上的印痕也将越来越深。

但是，我们能把有机结构比作所谓的印痕吗？我们已经说过，“适应”这一概念是一个具有模糊性的概念。若将外部环境对生物进化的阻碍看作是一种模具的阻碍，就像是杯子对水的塑形作用那样，生物器官为了适应这一模具而使其结构逐渐复杂化，这是一种情况；若生物器官从环境中不断汲取有益因子，然后变得越来越复杂，这是另一种情况。显然，这两种情况是不同的。

在第一种情况中，有机材料只会接收一些印痕；而在第二种情况中，有机材料却会产生一种反作用。当我们提到“眼睛慢慢适应了光”时，这里的“适应”指的其实是这一概念的第二种含义。但是，我们常常会在不经意间将“适应”的第二种含义引向第一种含义。第一种“适应”是一种被动的适应，这种适应只有在机械的生物学中才会出现，而第二种适应是一种积极主动的适应。无生命材料会屈服于外部环境的影响，因此它们只会被动适应；而有生命材料会对外部环境的影响做出反应，它们会去主动地适应，或者说会主动去汲取自然中有益的东西。我们常会把被动适应当作主动适应。这种混淆是不可取的，但是显然也是有一定理由的。

我们不得不承认，大自然常会诱使我们混淆这两种适应。因为自然起始于消极适应，即被动适应，然后才会建立某种主动反应的机制。在考察这种情况时，我们从低等生物的色素斑中可以发现眼器官的最初雏形，这种色素斑可能是受到光的物理影响直接产生的结果。而色素斑和复杂眼器官之间还存在着大量中间状态的东西。但一个有机体变为另一个有机体，并不说明它们的性质会相同。

一位演说家在试图引导听众之前往往会先声称被观众的热情所打动，对此，我们不能说“领导”便等同于“追随”。同样，生命材料若想让环境变得有利于自己，它只有先消极适应环境，除此之外，它便无路可走。生命要领导运动，就必须先适应运动，所以生命最开始都是屈居于自然环境之下的。

色素斑和复杂眼器官的中间形态无论怎样繁多，它们之间的差距都依然会像照片和照相机那样相去甚远。现在，“照片”进化成了“照相机”，但是，只是利用光的物理力量是无法造成这一变化的。

9.万花筒只有一个源头，变异也会迎来相同的结果

有人说，人的眼睛不是为了观察事物才形成的，而是因为我们有了眼睛才能去观察事物。我们说器官具有实用性，其实只是表明它具有某种功能效果。眼睛可以利用光，这句话不仅表明了眼睛具有观察的功能，还表明了眼睛与观察这一运动之间存在着某种精妙的联系。视觉神经连接着脊椎动物的视网膜，同时也连接着运动神经。

我们的眼睛能利用光，这就意味着眼睛能使我们借助反射运动趋利避害。若我们的眼睛看到了有利的对象，我们就会做出接近这种对象的运动；若我们的眼睛看到了有害的对象，我们又会随之做出躲避的动作。

将这一原理应用在色素斑方面，将会变成以下情况：色素斑的产生可能是由于光以物理方式作用的结果，因此它也可能用物理的方式来引发某些生命运动。例如，当纤毛虫的纤毛受到光的刺激后，它们就会做出一系列的反应。尽管如此，却没有人会认为神经、肌肉和骨骼等不同种类的系统都是由光的物理作用才产生的，也没有人会认为光能以物理方式造就视觉器官进化累积的一切东西。

当人们讨论眼睛的形成，考虑有关眼睛的一切时，其实是在谈论一种与光的作用截然不同的东西。这个过程中，人们偷偷地将某种神秘力量或

独特能力赋予了有机材料。这种力量或能力可以帮助有机材料建立复杂的机能和承受简单的刺激。

然而，我们很可能认为它们都是不必要的东西。据说，物理学和化学就像是一把真理的钥匙，它们能帮助人类理解一切事物。从这方面来说，埃莫尔所做的工作将给我们带来深刻的启发。这位生物学家的工作意在证明：生物的变形不是产生于偶然变异，而是产生于外界环境对生物内部在相同方向上的持续影响。埃莫尔的理论是建立在对蜥蜴皮肤颜色变异的研究基础之上的，也是建立在符合生物利益的观察之上的。

多夫梅斯特尔的实验也表明，相同的蝶蛹在不同的冷热条件下会产生不同种类的蝴蝶。在很长一段时间内，这些蝴蝶都被认为是不同种类的蝴蝶，它们都属于丽蛱蝶属。我们可以将这一事实联系到一种甲壳虫的身上。有一种甲壳纲动物名叫卤虫，主要生活在水中，随着水中的盐含量的增高和减少，这种甲壳虫会产生一系列的变形。实验中，卤虫的变形似乎是完全由外部因素引起的。但是，真正的原因究竟是什么呢？我们无须分析因果关系，只需指出一点便能解开我们的疑惑，这一原因的运作可能会被人们混淆，一般来说，它具有这样三种运作：推动、释放和展开。

何为推动呢？我们用绳子将两个铅球同时悬挂起来，然后让这两个铅球相互紧挨在一起，当我们用一个铅球去撞击另一个铅球时，就能推动另一个铅球运动起来，这便是推动的作用。何为释放呢？当人们点燃炸药时，无数的火花会迸溅开来，这就是一种释放的运作。何为展开呢？一台驱动唱机在运作过程中，其内部的发条会逐渐松开，从而能演奏出一首完整的曲子。这里发条所做的运动就是展开。

如果演奏出曲子是结果的话，那么发条的松展便是原因。这样我们便可以说原因是通过展开而发挥作用的。要想区别这三种情况，就需要对原因和结果之间的数量和性质做出比较。在有关推动的例子中，原因的性质、

数量的变化会引起结果的性质、数量的变化；在有关释放的例子中，原因的性质、数量的变化不会引起结果的性质、数量的变化，因此结果不会改变。在有关展开的例子中，结果的性质不受原因的性质影响，但数量受原因数量的影响。发条展开的时间越长，人们所能听到的曲调就越多。但曲调的性质并不由发条的运作决定。

严格来说，第一种情况中的原因和结果才是真正对应的，也就是说，只有第一种情况中的原因才是其结果的真正原因。而另外两种情况中的原因和结果并不完全对应，或者说，其原因只是结果的一个契机或不充分条件。

水的盐含量会使卤虫产生形变、温度会改变蝴蝶的颜色和花纹，这些事件中的原因并不能完全解释其结果。这里的原因和结果的关系并不是纯粹意义上的因果关系，也不具有第一种情况中原因和结果的对应关系。其因果关系具有中间性，介于展开和释放之间。

埃莫尔提到变异具有万花筒般的特征，谈及有机体按照确定方式变异就像是无机体向着确定方向结晶，这些言论也许都是他自身的意思，而别人从来没有这样想过。

如果我们承认皮肤颜色的变化只是一些物理、化学性质的变化，这种解释是能被人接受的，但是，如果将这种解释扩展到脊椎动物眼器官的形成方面又会如何呢？按照这种解释，脊椎动物眼器官形成过程中所经历的物理、化学变化都是源自光的影响，其中的发展序列极为复杂，眼睛的任何成分都能够观看，并会在演进中看得越来越清楚。这种论断显然是目的论者才会发出的言论。

让我们再来看一看机械论哲学给出的答案，它一定会给出以下结论，如：软体动物的卵子与脊椎动物的卵子之间具有不同的化学成分；向软体动物和脊椎动物这两种形式演变的最初有机物一定不同于其他形式的最初有机物的化学成分；相同器官在受到光的影响后会形成相同的结构等等。然而，在给出这些答案之后，机械论哲学的处境将变得更加艰难。

我们对这些内容思考的越深入，就越会明白这样的事实：在生物演进的道路上，数之不尽的微小原因不断累积，逐渐形成两种产物，比如软体动物和脊椎动物。这些产物形成的原理是不能用机械论哲学来解释的，因为它们的原理截然对立。这里，我们引用了种系发生学的实例来进行讨论，但个人发生学的实例更加能够令人信服。

我们以发生在我们眼前的事情为例。大自然每时每刻都可能在生物界形成完全相同的结果。例如，相邻的物种在繁殖时会产生不同的胚胎发育过程，而其最终却可能得出相同的结果。

近年来，人们对“异质胚芽”的实验表明，胚胎层是没有特异性的。这与人们以往坚持的经典理论完全相悖。观察比较软体动物和脊椎动物的眼睛，我们可以得到：在脊椎动物胚胎产生原始大脑的时候，其视网膜就已经产生。视网膜在发育的过程中，以一个有序的中枢为基点，不断向外周移动。

相反，软体动物的视网膜是在外胚胎层形成的，而不是跟随胚胎大脑一起形成的。因此，人类的视网膜虽然与扇贝的视网膜非常相似，但它们有着截然不同的进化过程。我们不用比较距离过于遥远的有机体，只需观察有机体的再生现象，就可以得出相同的结论。

梭尾螺是一种能产生再生现象的生物，如果我们将它的透明晶状体切除，它很快就能通过虹膜再生出这种晶状体。有趣的是，原晶状体和虹膜的发育机制是完全不同的，前者来自于外胚层，后者来自于中胚层。

类似的现象还发生在另一种生物身上。当我们切除花斑蝾螈的晶状体时，它也能通过虹膜再生晶状体。如果我们将该种生物的部分虹膜也切除的话，其虹膜剩余部分或视网膜层也会产生再生现象。因此，尽管生物不同部位的结构和功能是不同的，但是在必要情况下，这些不同的部位却可能行使相同的职能，比如它们都能为机体制造出同样的部件。这个例子表明，不同原因也可能产生相同结果。

Section 3

生命的冲动：
创造进化的终极推动力

一台机器如果失去了动力，它便无法继续运转；同样一个物种若是失去了生命的冲动，它便无法继续进化。当然，我们并不是将生命等同于机器，因为两者存在着本质的差别。生命是流动的，只要它们的冲动一直存在，它们就会持续地向前发展。

生命的冲动是进化的主要动力，每一个生命的体内都潜藏着这种冲动，我们虽然无法看到，却能从生物的种种表现中窥视到它的存在。生命的冲动不仅是进化的动力，它也是生物遗传、变异和创造的动力。

生命的冲动不是外在的，而是内在的，或者说是每个生命固有的。它既不是真正的能量，也不是某种功能强大的有机物，而是自然赋予生命固有的属性。正是因为有了它的存在，生命之流才能朝气蓬勃、生生不息。生命冲动不断地向外拓展，生命就会持续地释放激情，它的本质在于拓展，而它的使命在于创造。

1.变异可以遗传，习惯是否可以流传给后代

在对再生现象的探索中，我们发现不同原因可能产生相同结果。要进一步解释这一发现，就需要借助一些生物内部的指导原理。达尔文的理论不能对此做出解释，或者说那些无法察觉的变异不能对此做出解释。那种突然发生的偶然变异也不能对此做出解释。因此，要解释这种现象，我们只能讨论进化论的另一种形式，即新拉马克主义。

拉马克提出，生物在进化时会发生一系列的变化，这些变化可能是通过它们使用自己的器官而产生的，也可能是通过它们放弃使用自己的器官而产生的。这些变化也就是所谓的变异，生物可以按照这些方式获得变异，同时它们也能将这些变异传给自己的后代。

许多生物学家都是拉马克理论的坚定支持者。这些生物学家认为自然界用于构造新物种的变异不只是胚胎的偶然变异，也不是一种具有确定方向的独特变异。这种变异来自于生物为了适应环境所做的努力，或者说这种变异取决于生物的努力程度。

生物器官的机械运作可能产生变异，而导致器官机械运作的原因是外部环境的压力。美国自然学家寇普认为生物的意识和意志也可能是产生新物种变异的原因，拉马克的理论则是真正能解释这一问题的杰出代表。事实上，新拉马克主义揭示了进化可能与生物的内部心理存在关联。在我看来，它也是解释为什么不同进化路线上会产生相同生物器官的唯一答案。

因为，我们完全能够预见这样的可能，即生物为了把不同的环境条件变为有利于自身的因素做出了相同的努力，这种相同的努力也可能产生相

同的结果，尤其是只有一种办法才能解决环境问题的时候，这种特性就会更加明显。

但是，无论我们是否要进一步来解释“努力”这一术语，问题仍是存在的。实际上，“努力”这一术语比新拉马克主义更具心理学意味。因为长度变异和形式变异完全是两码事。没有人会否认生物可以通过锻炼来加强器官坚韧性或促进器官的发育。然而，这里提及的前进发展还远远不是两个物种形成相似器官的前进发展。

如果眼器官的发展只是由于受到光因素影响的话，我们便又绕回了原点。相反，如果我们将眼器官的发展归结为内部活动产生的结果。那这种活动与我们所说的“努力”依然是有很大不同的两种东西。

我们不知道生物的哪种努力可以使它们的器官产生最微小的复杂变化，也不知道哪种努力可以使它们的器官元素如此协调地相互配合，更不知道哪种努力可以使低等有机体的色素斑进化到高等有机体的眼器官。然而，即使我们承认动物身上确实存在这种努力可以实现这一切，那么我们又如何将这种理论用在植物身上呢？

植物界中发生的形式变化通常并不意味着功能的变化，也不意味着会产生这种变化，即使变异是由生物的心理原因产生的，我们也往往不会将其称为某种努力。除非我们将努力一词进行充分的扩展，我们才能将这种生理原因理解为生物的某种努力。我们应该深入挖掘“努力”一词的含义，从而探寻出生物变异的更深刻原因。如果我们希望寻找到有规律的遗传变异的原因就更应该这样做。

我们在这里不讨论有关后天特征的可遗传性问题，也不打算对这一问题表明立场。但是，这一问题确实在我们的研究范围之内，我们不能继续对这一问题无动于衷。如果斯宾塞在建立自己的进化论时从有关后天特征的可遗传性问题着手，那么他的理论形式就会与现在的完全不同。

如果个体后天形成的习惯可以遗传给自己的后代纯属例外情况的话，那么斯宾塞的哲学和心理学就会相继土崩瓦解。我们需要讨论的是这一问题是如何出现的以及如何着手去解决这一问题。

生物后天形成的特征具有可遗传性，这是人们以往确定的一种教条。而现在人们又用教条的方式否定了它，因为人们在论证它的时候在胚胎细胞中发现了一个前提。魏斯曼的种质连续性理论指出胚胎细胞是一种不同于身体细胞的独立细胞。根据这一观点，我们继续对后天特征的可遗传性问题进行研究。

截止到现在，许多人依然主张后天特征的可遗传性是无法想象的。然而，如果人们通过实验意外证实了这一问题，同时也就证明了种质并不独立于体壁细胞膜之外，从而也就意味着后天特征的可遗传性是可以想象的。由此来看，人们是否能够想象这一问题与该问题本身并没有丝毫的关系，人们只需要通过实验便能轻松地解决这一问题。

但是，新的问题又会由此产生。我们如何来区分后天特征和先天禀赋呢？我们在讨论的问题中出现了后天特征一词，其真正的含义是指我们后天形成的习惯，还是先天的禀赋呢？或者说我们的习惯产生的一些影响？但是如何来判断自己的习惯是后天形成的呢？事实上，我们的许多习惯中存在着先天的禀赋。因此，我们说后天特征具有可遗传性，这里生物遗传的是否就是生物细胞后天形成的习惯呢？它会不会是在这种习惯形成之前就已经存在的先天禀赋呢？

可以想象，或许有一种天然的倾向早就已经停留在了个体细胞的种质里，我们把它看作是个体细胞的一部分，这样一来，它像是早就产生于胚胎细胞中一样。举例来说，我们知道鼹鼠的眼睛是失明的，有人说鼹鼠的这一特征是由于长期生活在地下所致。也就是说，鼹鼠失明是因为它们养成了长期生活于地下的习惯所致。但是，我也可以猜测，由于鼹鼠的眼睛

发生萎缩，所以它们才会失明，进而才会生活于地下。

如果我的猜测是完全正确的，这就意味着鼹鼠失明的倾向是可以遗传的，而其遗传的媒介是胚胎细胞，每个鼹鼠个体的细胞不会在成长的过程中获得或丧失什么。也就是说，这种遗传是先天禀赋的遗传，而不是后天特征的遗传。

再比如，父子两人都是砌墙匠，但在成长的过程中，儿子比父亲更快地成为一个优秀的砌墙匠。通过这一现象，我们不能直接给出这样的结论，即父亲的砌墙习惯传给了儿子。在繁殖的过程中，一些先天的禀赋可能从父体胚胎传到了子体胚胎中。在成长的过程中，儿子的原始冲动促使其比父亲更加具有顺应性，他并没有受父亲习惯的影响。

人类驯化动物的例子也能说明这一问题。将一个特定物种选定为驯化对象时，我们很难说清楚驯化中传递的是后天习惯还是先天禀赋。排除所有值得怀疑的部分，就只有布朗·塞格德的实验能够帮助我们证实后天特性的可遗传性了。这是一个曾被反复证实的实验：塞格德先将天竺鼠的坐骨神经彻底切断，然后让这些天竺鼠进行繁殖，结果发现切断坐骨神经的天竺鼠的癫痫特征能够传递给其后代。

切断天竺鼠的坐骨神经后，它们便遇到了各种麻烦。例如，它们的后代产生了各种病症形式，有的得了眼球突出症，有的得了足趾缺损症。但是，这些事实并不能证明动物细胞在遗传过程中对其种质产生了影响。

魏斯曼认为塞格德的实验可能使天竺鼠感染了某种细菌，这些细菌寄生在天竺鼠的神经组中并不断汲取这些组织的养料，然后通过繁殖将某种疾病传递给了天竺鼠的后代。而瓦桑和彼隆的实验表明，天竺鼠癫痫的发作可能与导致痉挛症的病毒有关，病毒产生的毒素通过受精细胞遗传给天竺鼠的后代，最终导致它们的机体紊乱。

在这些生物学家的实验中，受毒素影响的只是天竺鼠已成型的胎儿。

但夏尔兰的研究表明，天竺鼠的精子或卵子也可能受到这些毒素的影响。由此，我们可以得出结论，塞格德的实验中，天竺鼠后天特征的遗传是毒素影响胚芽导致的结果。

2.变异本身是偶然的，但变异的趋势却存在目的性

不管是支持后天特征具有可遗传性的人，还是否定这一观点的人都会赞成一点，即有些东西可以同时对生物体的细胞和其细胞种质构成影响。

依照这种情况，就会产生一种具有缺陷的遗传性，这种遗传所导致的结果便是：父体细胞和胚浆受到了同种影响，但只有父体细胞会对种质产生作用。假设身体细胞能对种质产生影响，那么能对身体细胞产生影响的东西也自然能间接地对种质造成影响。如果这一观点是正确的，那么父体的形变与子体的形变相同便是一种偶然现象。之所以称其为偶然性现象，是因为我们在研究酒精中毒构成的遗传时发现，父体的某些东西遗传给子体后，导致子体表现出了与父体不同的各种形式。或者说，子体表现出的形式没有一个与父体形式相同。现在，我将胚浆的变化标示为字母 C，这种变化可正可负，正则代表胚芽获得了某种性质，负则表示胚芽失去了某种性质。最后的结果是：有机体在生长中的同种器官产生了相同变化不是外部原因的重现，也不是由身体细胞变化导致的种质改变。若有机体的新生部分会对 C 产生免疫性，新有机体的同种器官也会产生变化。其中，只有新生部分会受到新影响的支配。尽管如此，这一新生部分依然会因别的方式而改变。

由此可以提出这样的论断：偏离遗传与特征遗传是明显不同的。通过偏离遗传产生的新个体会偏离父体所具有的形式。如果这种变形产生的物

质不能改变种质，也不会对种质的成长造成影响，那么它也不会影响子体。这是通常的情况，相反，如果它能够对子体构成影响，那么这很可能与其在种质中产生的化学变化有关。在这种例外情况中，化学变化可能导致有机体重新发生原始变形。其中偏离遗传发挥作用的机会有许多。

在这种情况中，新生成的个体也可能偏离普通的形式，这种偏离的程度与其父体偏离的程度相同，但偏离的方式并不相同，新个体从遗传中获得的不是特征，而是偏离。

因此，总体而言，个体后天形成的习惯可能并不会在其后代身上呈现，如果后代呈现了这种习惯，或者后代做出了遗传的回应，那么后代也可能与父体不会具有明显的相似性。这是我所认为的最可能的假说。

我们现在所缺乏的是反面证据，若相关实验没有进行，我们只能选择相信实际已有的观察结果。如果我们采取后天特征具有可遗传性的观点，并假定后天特征并不是由先天特征发展得到的，那么事实同样会向我们表明：遗传不是一种常规发生的事情，而是一种偶然发生的例外。因此，我们不能期望父体通过遗传便能使子代获得眼睛这样的器官。

要想使纤毛虫的色素斑成功进化为软体动物的眼器官，乃至进化到脊柱动物的眼器官就必须在同一进化方向上使大量变异获得累积。若这样认为的话，不管个体的努力能否产生变异，我们必定观察不到遗传是怎样确定变异的累积。而新拉马克主义也无法解决这一难题。

我们的讨论涉及有关进化论的各种理论学说，在讨论中，我们将这些学说用以解决同一个问题，或接受同一种检验。我们发现在解决这一问题的过程中，这些理论学说都遇到了各自的困难和挑战。但这并不表示，我们要一概否定这些理论学说。相反，这些理论学说并非空穴来风，它们都有一定数量的事实作为依据和支撑。因此，在一定程度上，这些理论学说都是真实的。

这些理论学说都与进化的过程有关，它们涉及生物进化的各个方面。每种理论都有着与众不同的观点，每种理论为了维持自身的科学性，往往只会把自己限制在这些特定的观点上。这样做可能是必要的。然而，我们必须指出，当这些理论站在各自的视角去审视某个真实的时候，它们只能看到这个真实的侧面，而那个真实必定会超越每个理论的理解。

这里所说的真实又是什么呢？它是哲学研究的对象。在研究这一对象时，哲学不会受到科学精确性的限制，因为哲学与科学不同，科学考虑的是实用性，而哲学却不会这样考虑。

因此，现在让我们分别指出进化论现有的三种形式对解决眼前的难题有何贡献，同时分别指出它们疏漏的地方，还要指出它们应该在什么地方联合起来，从而让我们对进化的过程有一个更加全面的理解。

新达尔文主义提出了这样一个观点：生物发生变异的原因在于其体内生殖细胞的固有差异，生物的经历和行为不会成为产生变异的原因，这或许是正确的。但是，对此我们还有疑问：这些生物学家如何使我们理解生殖细胞的固有差异是一种偶然的个体差异呢？我们理应相信这些固有差异源自生物的冲动，它们是跨越个体的差异，只会在生殖细胞之间传递。因此，这些固有差异并不是偶然的，它们很可能同时出现在一个物种的群体身上。

转变论已经对这一观点做出了修正。该理论主张：生物在经历很长一段时间的发展进化后，会在某一个时间点产生一种变化趋向。根据这一观点，可以看出，生物产生变化趋向并不是偶然发生的。虽然变化趋向不是偶然的，但变化本身可能是偶然的。因为变化可能产生于某个物种的多个代表身上，或者发生在不同的方向上。如果用植物物种的实例来证实这个理论，那么机会在植物变异中发挥的作用要比在动物变异中发挥的作用大得多，因为植物的功能不会严格依赖于形式。

尽管如此，新达尔文主义者仍然认为，生物在进化中的变异是有确定时间的。因此，变异的方向也可能是确定的，至少在动物身上很可能如此。

从以上假定中，我们仿佛看到了埃莫尔假说的影子。按照这个假定的说法，生物在繁衍的过程中，它们的那些特征的变异会朝着一些确定的方向继续下去。这个假定只有在埃莫尔划定的那个范围才是可信的。事实上，生物界的进化是不能被提前确定下来的。

我们在理解生命的自发性时，一般会认为生物持续创造出新形式是其自发性的充分表现。生物进化的不确定性可能并不彻底，因为在某些方面总会给确定性留出位置。例如，脊椎动物的眼器官必定需要经过连续的定向变化才能形成。除了这个理由，我们无法用别的理由来解释为什么不同物种的眼睛可能具有相似的结构。

埃莫尔认为这样的结果足以通过物理原因与化学原因的结合来实现，而我们给出的答案却恰恰相反，我们认为眼睛的定向进化必定介入了生物自身的努力这一心理原因。

对于一些达尔文理论的坚定支持者，他们确实会利用心理学原因来解释这一切。其中，就包括达尔文的核心立场。但是，如果个体的有意识努力能够使它们进化出具有相似结构的眼器官的话，那么它的作用一定是有限的，或者说它最多能在动物世界里发挥作用，却无法在植物王国里发挥作用。

即使这一原因能在动物世界里发挥作用，那也是有局限性的。它不能在任何点上发挥作用，只能在受意志控制的点上发挥作用。而它作用的地方也不知道它为何会成为进化的导向。进化路上的那些定向变化会不断增加生物的复杂性，包括增加生物器官的复杂性。

若说生物后天的特征可以传递给后代，并累积成为一个完整体，这只是一种可以想见的情况，即使它真实存在，这种传递也只是生命延续中的一个例外，而绝非普遍现象。

定向遗传使生物向着同一进化方向不断变化，当这种变化累积到一定程度，生物将增加一些有益于自身的东西，而这一过程与生物自身的努力存在着联系。这种努力存在于同一物种的大部分代表身上，它比个体的努力更加深刻，也更加独立于环境之外。这种努力不仅存在于生物的实体当中，也存在于物种的生殖细胞当中，或者说它是生物生殖细胞之中一种固有的东西，因此，它能被不断传递下去，即由一个物种源源不断地传递给它们的后代。

3. 生命的发展是一个“取其精华，去其糟粕”的过程

我们提到过一个这样的概念，即生命的原始冲动。生命的原始冲动可以从一个成熟有机体的胚芽传给其后代的胚芽。这种冲动能沿着生物进化的路线一直持续下去，甚至能沿着进化的分支路线继续传递。我们将它视为生物变异的根本原因。正是由于这种原因的存在，才会出现有规则的变异，也才会出现能累积并创造新物种的变异。

从早期生命诞生开始，或者说从生命的共同祖先准备分化的那一刻起，同宗同源的物种就同时开始了强化自身差异的工作。但是，在未来的进化过程中，它们又可能在某个特定的时间点产生共同的演变。

如果接受这种共同冲动的假定，就必须承认以上的设想。我们必须通过选定的实例来表明这一点，这一实例是比较软体动物眼睛和脊椎动物眼睛的形成过程。通过这一实例，我们将更加清晰地说明“原始冲动”的思想。

眼器官有两个令人震惊的地方，第一是它的结构拥有难以想象的复杂

性，第二是它的功能极为简单。动物的眼睛由晶状体、虹膜、角膜和视网膜等明确的部分组成。每一个部分都拥有极其复杂的结构，其中的细节之处接近于无穷，比如视网膜又可分为视觉细胞层、单极细胞层和双极细胞层三个神经元素层，每一层都有自己的个体性。总之，眼器官的结构极为复杂，只用寥寥数语是无法充分表达的。

眼器官拥有无数个机制，每一个机制都非常复杂，然而，如此复杂的器官却往往只能产生简单的功能。当我们睁开眼睛，视觉功能就会开启，对我们来说，视觉似乎只是一个简单的功能，它与眼睛的复杂性无法匹配，我们无法想象拥有如此复杂结构的眼睛只有如此简单的这一个功能。

正是由于视觉行动过于简单，而眼睛是一个无比复杂的机器，大自然在构造这一机器时只需出现一丁点的疏忽，就可能无法产生视觉。器官具有复杂性，而其功能具有单一性，这显然是一个相对的概念，它们之间的这种矛盾正是我们难以想象的，也是阻碍我们在探索的道路上更进一步的东西。

机械论表明，生物建立的机能在外部环境的影响下可能受到直接或间接地干预，当某种机能作用于组织行动时，它会被直接干预；当某种机能更适应部分的选择时，它会被间接干预。但是，无论这种理论用何种方式来解释生物各部分的细节，它都无法解释其中的关联。

目的论表明，生物的各个部分是为了实现某个共同的目的才被组合在一起的。或者说，生物的各个部分都会遵循一个事先准备好的计划，按照这个计划，它们最终组合在了一起。这样看来，目的论将大自然变成了一个工匠，大自然的生命运作正像是一个工匠的工作。工匠在工作之前会事先构想好自己的作品，或者它会仿照一个模型，将不同的各个部分按照先后顺序一一组装起来。目的论认为这种工作就像是大自然在打造生命一样。

由此可见，在对生命的观点上，机械论对目的论采取的是反驳态度。

但是，机械论无法看到自己正在按照目的论的步骤行事，并且这种步骤还是残缺不全的。尽管机械论摆脱了生命构造的目的性，摆脱了自然工匠遵照的那个模型，但它仍然像目的论那样认为大自然的工作与人的工作无异。而只要将目光集中在胚胎发育上，我们就能明白生命运作的方式与人类工作的方式是截然不同的。

生命的发展不是将元素简单地联合或相加，而是将不符合生命利益的元素解体，将符合生命利益的元素分化出来。

我们必须超越机械论和目的论的观点，而实际上，它们的观点只是这样的观点，即认为人都是参照他们以往的工作来指导他们现在的思想的。我们要如何来超越这样的观点或这两种理论呢?

在分析眼器官的结构时，我们可以不断将它分解成各个部分，以至于无限地分解下去，这充分证明了眼器官的结构极其复杂，尽管它只有视觉这一种功能。器官结构的复杂性与其功能的简单性是一种对立，这种对立是我们难以想象的，这也是我们对器官感到神奇的地方。

一个对象具有对立的两个方面，比如它的一个方面极其简单，另一个方面无限复杂，之所以会出现这样的情况，或许正是在暗示：对于这样一个对象来说，这两个方面是同等重要的。也可以说，对于这个对象而言，这两个方面是具有同等的现实性的。

我们对一个对象的理解或许正是参照了这些情况。可能对象本身只具有简单性，而我们之所以说它具有无限复杂性，其实只是表明，我们采用了无数个视角来观察它。所以，这种无限复杂性不属于对象本身，而属于我们的感觉，或者它只是我们对一个对象的象征符号的描述。它属于无数不同次序的元素，而我们常常用这些元素去模仿那些对象。但是这些性质不同的元素与对象之间是没有可比性的。

画家可以在画板上画出一幅人物肖像，如果我们依照这幅画，用一些

不同色彩的小方块粘贴在一块画板上，同样也能构造出一幅人物肖像。简单来说，就是我们可以用极小的方块粘贴的方式再现出画家用画笔描绘出的人物肖像，能表现出人物的脸部轮廓和光影。在这一过程中，我们所使用的方块体积越小、数量越多、颜色越丰富，模仿的绘画就会越接近原作。

对画家来说，画出一幅人物肖像是一件十分简单的事情，但是若让我们用无数方块去精细地模仿这幅肖像又将是何其困难的事情。要精确再现这幅人物肖像就必须用到无限小的、具有无数色彩的元素，这必是一个无限复杂的工程。

画家在看肖像模特时，只会将他看作是一个简单的对象，其任务就是用画笔将这一简单对象描绘在画板上。而画家将肖像图一气呵成地完成得越彻底，这幅肖像图就越是能使我们感到它是模特不可分割的投影，或者它是画家不可分割的直觉投射。

面对作家的作品，假设人眼的构造只能使其看到一种方块效果图，或者假设人的智力构造只能使其将作品理解为一幅方块拼图，我们就会说无数的方块组成了这幅肖像图。一旦我们这样认为，便说明我们已经躲在了机械论的屋檐之下。

在这个例子中，若我们摒弃拼合图像的具体性，引入一种目的性，比如假定在作家绘画之前就已经想好了要画的东西并制定了详细的计划，那么这个例子就会变成在描述目的论的思想了。

然而，上述两种情况并非真实情况，也不存在所谓的极小方块。画板上只有人物肖像的投影，我们只是关注了画家绘画的过程，然后人为地将那幅画分解成了无数的小方块。我们想象着将这些小方块以一种完美的序列组合起来，最终构成了一幅肖像图。

同样，我们认为眼睛的构造极其复杂，其实只是人为地将其分成了千万个细胞，而实际上它只是一个简单的视觉器官，它只能发挥视觉这一种简单的功能。我们人为地将眼睛的构造复杂化，并确信自己看到了完美无比的次序。因为我们自研究眼睛时就没有将它看作是一个整体，我们总是试图将其看作是一个组合体，于是复杂性便开始增加了。

4. 你能否区分人类制造的产品与自然创造的有机体？

现在，我将右手放在 A 点，然后再将它移到 B 点，如何来理解这个运动过程呢？我想可以站在内外两个方面来理解这个运动过程。首先是站在内部视角来看，或者说站在我这个当事人的视角来感觉这个运动过程。在我看来，这个运动非常简单，它是一个整体，我从未试图将它分解开来，因此它对我来说是一个不可分割的运动整体。让我们再用外部视角来看一看这一运动究竟是怎样的。从外部来看，这个运动路线也就是从 A 到 B 的弧线，可以简称这个路线为弧线 AB。

从外部观察这一运动的人，常常会采用以下的看法和分析：弧线 AB 可以分割出无限个位置点，于是，我们就能用这样的理解来界定弧线 AB，即无数个位置点按照一定的次序相互协调最终构成了弧线 AB。但是，这只是外部观察者思想的分割，或者说只是一种人为的想象。弧线 AB 对我本人来说是一条不可分割的行动路线。

机械论者在研究同类问题时往往只能看到弧线 AB 之间的无数个位置点，而目的论者会考虑这些位置点的次序。对我来说，我右手从 A 到 B 的这一运动是不可分割的，事实也是这样简单的，或者说，它就是具有这种简单性。只要提到这种简单性，其实就确保了无数位置点的存在，同时也确保了这些位置点的次序性、协调性的存在。其实，这一运动中还存在比位置点及其次序性和协调性更加重要的东西，这种东西不是位置点，更不是持续性和协调性，而是运动性。

从某种意义上来说，我右手的运动要少于位置点的序列，同时也少于位置点的次序。我们要用一个个位置点来描述运动路线 AB，就需要按照一定次序将它们排列起来，而要排列这些位置点，又需要首先想出一种次序。

然而，在我们用位置点来实现这种次序时，我们又必须进行组合工作，组合工作必定伴随着智力的工作。总之，我的这一运动伴随了智力的工作，但是实际并非如此。我的这一运动只是我右手的简单运动，而不是所谓的组合工作和智力工作。眼器官与视觉功能的关系也是这样。

不管是机械论者还是目的论者，他们眼中的大自然都被赋予了无比艰巨的任务，即将无数元素的复杂运动变成了视觉的简单行动。但实际上，对大自然来说，造就眼睛这种器官是一件毫不费力的事情，就像一个人抬起手来那样简单。

大自然的简单运作被我们人为的分解成了无数相互协调的元素，就像是抬手运动被我们人为的分解成了无数个位置点一样。

如果我们继续按照这种思路去观察周围的事物，那么很快我们会发现这是多么困难的一件事情。作为人类，我们总是保留着人类的习惯，在观察周围事物的时候，我们会被自身的观察习惯带入歧途。我们观察有机体组织时，总是会习惯地将其看作是一种人工产品。然而人类制造产品和自然创造有机体是完全不同的两码事。

制造是人类特有的一种活动，我们会将一些局部的材料组装起来，最终构成一件完整的产品。而这些局部材料是我们有选择地切割出来的，在切割这些材料时往往需要遵循一些原则，即只有我们确信这些材料最终能配置在一起，确信能以它们为线索获得一种共同的组装方式，我们才会将它们按照自己理想的样子切割出来。

或者说，我们会将一种行动当作我们工作的中心，然后围绕这个中心将局部依次排列起来。这就是制造的过程。概括来说，所谓的制造就是一种从外围到中心的工作，或者像哲学家眼中的由多到一的工作。

相反，自然创造有机体的工作是一种由中心到外围的工作。它从一个点开始，并围绕这个中心点向外扩展，就像是一个中心点向外发出波的过程。材料越多，制造就越有效果，集中和压缩是制造依赖的对象。相反，创造有机体却有一种爆发的意味。自然在最初创造有机体时，只需要一小块地方和一丁点材料，其所运用的力量也是不情不愿地。作为有机体的最小细胞之一，精子开启了生命的大门，也启动了进化的“列车”。而在其中真正起作用的也只是精子的一小部分。

但是，这里所提到的区别只是表面的区别，在深入表面后，他们的区别将会更加深刻。

已制造出的物品可以准确描绘出其制造工作的轮廓。或者说，制造者可以通过制造出的产品看到自己付出的工作。如果制造者想要制造一台机器，他就需要将机器所需要的部件切割出来，然后再按照一定的次序将零件组装成一台完整的机器。已制造出来的机器可以表达两点：一是它可以向我们充分展示其零部件，二是它可以向我们完美展示不同部件的组合。一台机械代表了制造者工作的全部结果，而这全部的结果又能反映出其全部的工作。

用解释制造一台机械的方式去解释自然如何创造有机体，这是绝对科学应该做的事情，只有这样，它才能对有机体做出基本的解释。因为科学所要做的是为我们提供行动的最佳手段，而不是告诉我们事物的本质。

物理学和化学是人类引以为傲的先进科学。什么情况下，我们才会将生命材料当作我们行动的对象呢？那必定是在我们借助物理学和化学知识处理生命材料的时候。同样的道理，若要将有机体比作机器，就只有在利用科学知识去研究自然如何创造有机体的时候才会如此。

站在科学的视角，有机体是一台机器，有机体的细胞就相当于机器的各个零部件，于是，有机体就变成了零部件的组合，将这些零部件组织起来的工作就是构建生命的真正元素。这就是科学对生命的观点。而哲学的观点与此种观点却大为不同。

如果将一个有机体比作一个整体的机器是可能的，那么这就意味着这台机器可以完成整个有机化的工作。但是，事实情况是，这台机器的各个零件与有机化工作的各个部分并不是一一对应的，也就是说，这台机器并不能代表有机化工作的总和。相反，它代表的是消除有机化工作的总和，它不是绝对的现实，而是对现实的否定。

现在，仍旧以视觉功能和眼器官为例。我们知道，视觉功能的背后隐藏着我们无法观察到的种种事物。相比于一个生物，视觉似乎更适合于一个幽灵。生物的视觉若是有效的，就必须依赖于视觉器官的行动。也就是说，视觉与视觉器官是不同的两种东西，要想使视觉发挥效用就要依赖于视觉器官的运作。

我们用视觉器官的组装元素来解释它的创造，就相当于用挖沟来解释渠道的开掘。机械论者认为渠道开掘出的土是一点点推挤起来的，而目的论者认为土的堆积是有次序、有计划的。但是，他们都可能是错误的，因为开掘渠道还另有方法。

5. 视觉与眼器官：看似相随，实则互阻

我们不妨将大自然创造眼器官的过程比作举手的过程。这样做的前提条件是，我们首先要假设举手过程中，手本身是没有受到任何阻力的。现在，我们再假设举手时手需要穿过一堆铁屑。不难想象，手在运动过程中

一定会对铁屑进行挤压，手插入铁屑越深，受到的阻力就会越大。在某个特定时刻，手的力量被消耗殆尽，同时铁屑也被聚拢起来，并以一种确定的相互协调的形式呈现在我们眼前。

我们可以看到手、铁屑和手臂以特定的形式展现。但现在我们假设看不到那只手和手臂。这时，旁观者要如何去探寻为何会产生这种排列的方式？他们一定会根据这些铁屑和其所承受的力量冲击来寻找这一原因。机械论者会认为相邻铁屑对其地铁屑的作用决定了它们的位置，目的论者会认为铁屑的排列方式是按照一定计划形成的。

而实际情况却与这两种观点都不同。实际上，只有手穿过铁屑的运动，且这种运动是不可分割的。铁屑运动的细节和排列方式可以从侧面反映出手穿过铁屑的运动。我们可以将这一依据看作是阻力的整体形式，但不能将其看作是基本行动的综合体。

如果将铁屑的最终排列看作是结果，将手的运动看作是原因的话，那么确实可以这样来描述举手的整个过程，即原因说明了结果。但是，在这里，原因的每个部分与结果的每个部分并不是一一对应的，我们也无法用原因的一个部分来对应说明结果的一个部分。

这种关系既不能用机械论来解释，也不能用目的论来解释。视觉与眼器官的关系就类似于这里手与铁屑的关系。铁屑会随手运动，在这个过程中，运动被通道化，或者说铁屑阻碍了手的运动。

手的努力越大，其插入铁屑就会越深。无论手停在哪个位置，铁屑都会自然地协调起来，并且形成一种平衡。视觉与眼器官同样如此。视觉不可分割的行动进展了多少，眼器官的全部元素就会协调多少，这个过程中这些元素的次序必定是完整的。视觉运动不可能只引起眼器官局部元素的协调，就像是手运动时那堆铁屑不可能是局部协调一样。这个问题是机械论和目的论不曾考虑的，也是在我们惊叹眼器官的复杂结构时容易忽视的。

当我们感到惊异的时候，这种感觉的深处总会生出一种观念，即自然只可能使局部的和谐得以实现，而要实现整体的和谐，那绝对是自然的特殊恩惠。对目的论者来说，这种恩惠是生命得以延续的终极原因，它被分解成无数个部分，然后分配给生命的每一个局部。对机械论者来说，这种恩惠不是天生就有的，而是自然选择的结果，它是在被选择之后逐步累积起来的。

在审视这种自然的协调时，目的论者和机械论者都发现了某种积极的东西，同时他们也在协调后的结果中发现了某种可以被分解成局部的东西，这些东西也是某些可被现实化的东西。实际上，虽然原因的强度可能不同，但是原因只能造成整体的结果，或者说只能造成一种彻底完成的结果。除了这种结果外，其他任何结果都不会出现。

因为某种原因，生物进化朝着构造视觉的方向开始发展，它先是赋予软体动物可感受光源的色素斑，然后赋予部分较高级动物原始的眼睛和分化的眼睛，最后又赋予脊椎动物更加完善的眼睛。这些眼睛的结构越来越复杂，功能也越来越完善。虽然它们的复杂程度不同，但是它们都具有高度的协调性。正是因为这个原因，不管两个物种的差别有多大，只要它们向着视觉方向进化的程度相同，那么它们就可能形成相似的视觉器官。

这里我们说到物种朝向视觉进化的程度，这意味着我们又回到了目的论的概念上。如果视觉进化中需要达到某种目的的话，我们确实又回到了这样的概念上。如果我们用生命的原始冲动来解释进化的话，就确实引入了某种目的。进化运动本身便暗示出了这一点，正是通过它的暗示，我们才能找到进化的原因。

而目的论究竟是如何被暗示出来的呢？相比于其他任何东西，生命更具有作用于无机材料的倾向。这种作用行动的方向并不是事先确定的，所以我们也无法据此预测生命进化的形式。但我们知道，这一行动具有一定的偶然性倾向，而且具有一些最基本的选择。

有选择就意味着会提前涉及一些可能的行动概念，这些概念会在生物行动之前为它们标示出一些行动的可能性。视知觉是对各种实体可见轮廓的感知，是对实体行动的图式感知。不同的动物之间可能会存在不同程度的视觉，当视觉的强度相同时，它们的结构也可能同样复杂。

Section 4

创造性进化：进化是一个不断创造的过程

生命来自进化，也来自创造，进化就是一个不断创造的过程。生命的世界多姿多彩，而如此缤纷的多彩的生命世界正是由创造性的进化发展而来的。

最初的生命是创造的还是进化的，这是一个争论不休的起源问题。一些人相信生命是由大自然创造出来的，另一些人却相信生命是由未经计划的进化发展而来的。生命究竟是有目的的产物，还是无数偶然造就的结果呢？

进化与创造就像是人的左手和右手，人们在发明东西时，往往会同时用到这两只手。而当一个机器被发明出来后，我们不能单纯地说它是由左手发明的，也不能单纯地说它是由右手创造的。显然，这一机器是由左右手共同发明创造的。所以，我们也不能人为的将进化和创造分开。因为它们同是自然的左右手，而生命正是在自然的双手间孕育形成的。

1.生命是一趟单程列车，进化是一项简单运动

生命是什么？生命是单一的进程吗？若确实如此的话，它所描绘的一定是这样的过程：一颗生命的炮弹从炮筒中发射出去，在到达一定距离后爆炸开来，爆炸形成的弹片继续前进，在到达一定距离之后，再次爆炸开来，依此永远循环下去。

生命是一种单一的进程，进化便是一种简单的运动。我们本来会像确定炮弹的方向一样确定进化的方向，无奈生命的炮弹是连续爆炸的，在第一次爆炸之后，它的弹片会继续前进，然后再次爆炸，并如此循环下去，这样一来，我们判断进化的方向便会越来越困难。或许我们能把握第一次爆炸之前生命炮弹的方向，但是在第一次爆炸或是更多次的爆炸之后，我们便无法掌握弹片的前进方向了。

我们现在所能观察到的是近在咫尺的生命。这些生命是经过无数次“爆炸”后才形成的。我们所能看见的运动是极小弹片地散开运动，我们需要追根溯源，以现有的结果为线索，去逐阶段的追寻生命的最初运动。只有这样，我们才能揭示生命的秘密。

一颗炮弹爆炸的方式主要取决于两个主要因素：第一是炸药的爆炸力，第二是金属弹壳的阻力。生命炸弹在进化的路上，经过无数次的爆破，最终形成了无数个物种和个体。在这些过程中，也会存在这两种力，我们可以将这两种力进一步简化为推力和阻力。正是由于这两种力的存在，生命形式才会如此缤纷多彩。

我认为生命的阻力主要来自于无机材料。在进化的路上，生命会遇到

无数的无机材料，这些材料或多或少会对生命的进化造成阻碍，于是，生命的阻力就此产生。而生命的前进是需要动力的，这就需要生命本身具有“爆炸力”，即生命的推力。这种推力来自于各种趋势，也可以说来自于各种不稳定的平衡，就像是高山上的水会有向下的势能一样，一旦周围的山体失去平衡，山洪就会爆发，同时也会产生巨大的推力。

在推力的作用下，生命会向前不断地运动。在前进过程中，生命会遇到无机材料带来的阻力，只有克服这一阻力，生命才能继续前进。而生命克服阻力的方法有哪些呢？生命可能会对这些阻力表现得非常谦卑，甚至屈服于它们；生命也可能使自身变得十分弱小，然后顺从物理、化学的力量，最后与它们并肩同行。

最简单形式的生命现象是否已经成为生命现象，我们对此无从得知，更不知道这种生命现象是否还是物理现象或者化学现象。在进化的路上，生命养成了一种自然的习惯，即服从无机材料。在服从无机材料的过程中，生命会被它们逐渐吸引到不同的轨迹上，从而实现物种的不断分化。在此之前，最先出现的生命往往都是形式非常简单的。这些形式简单的生物可能是一些原生质小块，它们尚不具有任何分化能力，其外观就像今天的变形虫一样。这些原生质小块唯一值得称道的是它们都具有极强的内在冲动。

在这种冲动的作用下，低等形式的生命可能会提升至高等形式的生命。我们完全可以猜测：正是由于生命这种内在冲动的存在，它们才能拥有生长起来的力量。尽管这种力量可能源源不断，但是有机材料的发展是有限度的，在自然的发展中，这种材料很快便达到了自己的限度。

在达到这一限度后，生命便不再继续生长，而是产生分化。分化后的生命开始进入新的阶段，在这一新的阶段中它们同样会遇到新阻碍，要克服这些阻碍，就需要依赖生命自身的努力和智慧。在漫长的努力中，生命将不断引进新元素，因此其身体内的元素将会不断累积、不断增加。这样做不为别的，而是为下一次的分化和保持自身的整一做准备。

生命在无数元素中摸爬滚打，它们通过自身精细的劳动分工不断与这些元素相结合。这样一来，有机体的各个部分便会变得越来越复杂，以至于使整个有机体看起来并不连续，因为那些复杂的局部已经变成具有一定独立性的器官，并开始行使一些简单的功能。

生命分化的原因是生命内部的一种深刻原因。因为生命是一种趋向，趋向的本质是像炮弹爆炸的形式那样不断发展。生命依靠自身的成长在进化的路上创造出许多不同的方向。生命冲动在进化的路口，向着这些方向开始分化。这种现象可以从我们自己身上观察到，也能从生命特征的进化中观察到。

我们在回顾自己的历史时，可以发现：在童年时期，我们的个性中结合了多种个性。这些个性可以相互混合，而之所以会保持这种状态，是因为它们都处于萌芽状态。童年的个性中充满了不确定性，同时也充满了希望。这或许才是童年的魅力。

但是，在接下来的成长中，这些个性开始变得成熟和独立起来，渐渐地，它们开始不能相互容纳彼此，以至于交织的个性变成了互补相容的个性。每个人只能活一次，因此在面对这些互不相容的个性时，我们只能对它们做出选择。这个选择的过程必定是漫长的，也是持续不断的。我们选择了一些东西，同时也会放弃一些东西。跟随时间，我们在成长的路上不断散布着以往的残余，最开始它们不叫残余，确切地说它们是我们曾经的一部分。曾几何时，这些部分都具有未来成为我们一部分的潜力。

自然与生命不同，自然是生命的主宰，她支配着生命。自然不懂得什么是牺牲，她只懂得让生命牺牲。从始至终，自然都保留着分化的不同趋向，并利用这些趋向创造不同的物种。这些物种是独自进化的，因此它们都是独一无二的。将这些物种放在一起来看，它们在自然中的地位都同等

重要。

自然创造生命，就像是作家创造一部小说。最开始构思小说的时候，作家必定会给小说的主人公制定许多设定，而在真正投入使用时，其中的许多设定必定是要被舍弃的。这些被舍弃的设定也许会在作家的其他小说中出现，或者说作家也可能用这些设定塑造新人物。

表面上看，塑造的新人物都像是第一个小说人物的缩影，当然，你也可以将其看作是第一个小说人物的补充。然而，如果将塑造的新人物与塑造的第一个人物相比较，我们往往会认为后来塑造的人物远没有塑造的第一个人物完美。同样，自然创造生命的情况也是如此。

在生命进化的大道上，存在许许多多条不同的分支，这些分支路线中有一些主干道，当然也存在一些死胡同。在生命进化的主干分支上，有这样一条重要的道路，即通向人类的进化道路。从脊柱动物进化到人类，这是一个漫长的过程，也是一条伟大的进化之路。

2. 进化有多曲折？把昆虫社会与人类社会结合起来吧

在一些昆虫社会中，我们往往能看到人类社会的影子，比如蜜蜂或蚂蚁组成的社会都具有这样的特性。而如果将昆虫社会与人类社会相比较，我们就会产生如下印象：蜜蜂或蚂蚁的社会虽然井然有序、整齐划一，但却是一成不变的。而人类的社会是充满冲突和分化的，又是不断发展进步的。

在比较这两种社会的同时，我们往往会产生有关理想社会的思考。对于我们来说，究竟什么样的社会才是理想社会呢？我们的答案也很简单，即一种既能保持平衡又能保持进步的社会便是我们眼中的理想社会。

但是，要在现实中实现这种理想社会是困难的，甚至可以说是无法完成的。这就像是那些萌芽的性格在经历成长之后便不会断守在一起一样。如果存在一种冲动能产生社会生命，那么这种冲力要么是沿着人类进化的路线产生的，要么是沿着昆虫的进化路线得到的。

从某种程度上来说，蜜蜂或蚂蚁的社会是对人类社会的一种补充。或者说，理想社会是昆虫社会与人类社会的优点相结合的一种社会。由此可见，昆虫社会与人类社会是互补的关系。

但是，现实中不存在能创造社会生命的那种冲动，只存在总体的生命运动。这种运动沿着进化的分支旁系不断创造出新的生命形式。如果社会能出现在两条进化路线上，那么这两条进化路线必然会同时出现分歧，正是由于这种分歧，这两种社会才会呈现不同的特征，而我们隐约可以看到这些特征的互补性。

因此，研究生命的进化运动，就必须先阐明进化的分支方向，然后在着眼观察不同方向上发生的事情，并给予相应的评价。总之，确定不同趋向的性质是必需的，对这些趋向做出评估也是必需的。我们只有把这些趋向一一结合，才能不断接近其后的动力原理。这一动力原理就是产生冲动的真正原因。

机械论者认为进化不完全是对环境的适应，目的论者认为进化不完全是实现一个整体的计划。人类之所以会得出这些结论，正是因为我们按照以上的方法探索了生命的进化运动。

我毫不怀疑这样的事实，即生物适应环境是其进化的必要条件。显然，如果一个物种不能适应或不去适应外部的环境，它必然会在进化的道路上消失。或者说，朝着这样的进化路线前进，就必然会进入死胡同。

但是，将外界环境看作是进化的必要力量和将外界环境看作是进化的直接原因完全是两回事。后一种观点属于机械论，它用外界环境来代替

“原始冲动”，或者说它排除了“原始冲动”的可能性。

原始冲动是生命的内在动力，它能帮助生命发展和进化。随着生命的发展和进化，原始冲动的形式逐渐复杂化，目标也逐渐高级化。对我们来说，原始冲动是明显的，只需观察化石中的生命物种，就能知道：如果化石中的生命物种只选择它最初的形式，那么它们就可能不会进化或者只能进行有限的进化。例如，一些有孔虫类和海豆芽属至今还保留着远古时期的模样。

生物对环境的适应使进化路线变得曲折起来。这种适应既不能决定生物进化的方向，也不能决定生物是否会发生进化运动。山间的路曲折蜿蜒，需要经过许多上下坡。这条路必须要适应地势的偶然状况才能继续延伸。但是地势的偶然状况不是形成那条路的原因，更不能决定那条路延伸的方向。

地势的偶然状况是由于构成那条路的土壤构成的，然而，如果我们将那条路当作一个整体来考虑，那么地势的偶然状况就变成了障碍，或者说它们就成了道路坎坷曲折的原因了。实际上，那条路最终的目的地是一个富庶的城镇，它本身希望自己是一条直线。生命的进化路线就如同我们所说的这条路，而生命所经历的种种外部环境就如同这里的地势。

与之不同的是，进化路线并不是实在的路线，在各路线方向的尽头并没有终点，在适应环境的过程中，进化拥有着无穷的创造力。

如果生命的进化不是对环境的适应，那么它也不可能是对某个计划的实现。计划在完成之前就已经被确定好了，它是事先就能表现出来的，或是已在事先就被表现出来的。计划的实现可能是在遥远的未来，当然，它也可能永远都在被实现的路上，没有终点。然而，实现计划的心思却是可以用某些术语现在就表现出来的。

进化如果是一种持续的更新，那么它所创造的便不仅仅是各种生命形式，还有那些能表达生命的概念。生命的未来远超当前，我们不能只用一个术语去概述它。

用一个术语去概述生命的进化是目的论的一个错误，而这个错误还联系着目的论的另一个更为严重的错误。

如果生命的进化是实现一个计划的话，那么它在发展中会越来越与这一计划相和谐。这就像是在建造房屋时，工匠垒砌的墙面越高，就越是能体现建筑师的设计。相反，如果我们只能在生命冲动中发现生命的整体，那么这种和谐便会从前面移至后面了。

生命的整体源自后面的力，这种力是起点的推力，而不是终点的吸力。在进化的路上，生命冲动相互沟通，共同促进进化的路线产生多个分支。生命本身也要适应自己的发展，它们有时相互补充，有时又互不相容。这也是物种之间为什么会逐渐增加不和谐的原因。

假定物种接受了起点的推力，并能将这种力传给其他物种；同时假定生命的繁殖在进化的各个方向上都是直线发展的。但是，现实与我们的假定相去甚远，因为自然界还存在很多退化的物种。

进化不只是发展，也可能会倒退。一直以来，人们总是将进化看作是一种前进运动，但实际上并非如此。我们在大多数情况下都能观察到生物进化的分界时间，但我们同样也能观察到生物进化的偏离和返祖。

进化中的分化常会使生命偏离原来的轨道，同时当生命产生种种新形式之后也常会被这些形式所迷惑，它们偷偷地重复着祖先的特征，自己却看不到祖先的影子。生命之间的不和谐也因此日益增多。

进化中的进步如果指的是沿着最初的方向不断前进，那么便说明进化是真实存在的。但是，进化中只存在着两三条进步的路线。正是在这寥寥几条进步的路线上才出现了逐渐复杂化和高级化的形式。当然，在这些路线之间更多地存在着一些小径，与进步的路线相比，这些小径上的生命发

生了偏离，受到了阻碍，出现了返祖现象等。

哲学家坚信细节总是联系着整体，而当他们将这一原理应用于检验现实时，却常会发现它们是相悖的。哲学家不承认偶然，但由于他们总是将所有东西都放在同等地位来看待，所以在他们眼中，一切都是偶然。于是，哲学家一定会为偶然制定一个非常自由的限量，即承认自然界的所有东西都是互不联系的。

如此一来，哲学家必定会确定某些中心，而这些中心周围通常凝聚着许多不连贯的东西。这种凝聚化向我们说明：生命会出现哪些主要的进化方向，又是如何沿着这些方向进行运动和发展原始冲动的。

我们常会忽视计划的细节，而现实中自然比任何计划所做的都更加周全。一项劳动计划的条件阻碍了这项劳动未来的形式，因为其未来的劳动形式都在计划之内，被计划的条件束缚着，因此不会再发生改变。而生命的进化却与之相反，在进化之前，未来的大门一直向生命敞开着，它想要怎样的形式都不会受到限制。进化的原始运动中，创造是永恒持续的。创造运动使有机界获得了统一，这种统一无比丰富多产，比智能梦想的任何统一都更高级。因为智能只是它某个方面的产物。

3. 在研究进化的道路上，我们一直在“舍本逐末”

要对进化运动做出完美的解释，就要彻底了解生命发展的所有历史。但事实并非如此。一般来说，人类提出的那些不同物种的系谱都值得怀疑。随着提出者的不同和对应理论观点的不同，这些系谱一直在发生着变化。由于它们的变化，种种争论也一跃而起。但是，现有的科学还无法给出最合理的结论。

比较关于系谱的不同结论，便能发现：人们在争论系谱问题时，并没有将注意力集中在进化运动的主要路线上，而更多的是集中在大量的细枝末节上。这里的言外之意是，只要我们将注意力集中在进化的主要路线上，便不会在探讨系谱问题上误入歧途。

实际上，对我们而言，那些进化的主要路线才是意义重大的。因为我们最终目的是确定物种进化的主要方向，而不是像自然学家那样想要找出各不同物种之间的连续次序。换而言之，我们与自然学家对进化方向的兴趣是不一样的。我们特别关心人类的进化路线。因此，在考察不同物种的进化方向时，我们的核心任务是确定人与动物的关系以及动物在有机界中的位置。

谈及第二点，我们需要首先明确以下几点：第一，动植物之间并不存在某些明显区别的特征；第二，我们无法严格区分植物王国和动物世界，即使做了这种尝试也常以失败告终。一定程度上来说，植物的生命特征常会在动物身上被发现，动物的典型特征也常会在植物身上被看到。

因此，如果生物学家热衷于清晰概念，那么他们会将动植物之间的区别看作是人为的。如果生物学像数学和物理学那样必须根据对象的静态特征来界定对象，那么以上生物学家的观点就是正确的。但是，对我们来说，生物学的定义与数学、物理学的定义是非常不同的。

生命形式包含着大量其他形式的特征，这些特征的区别在于它们在生命形式中的比例是不同的。如果我们能证明这里的比例差别不是偶然发生的，并且证明物种在进化中会逐渐强调这些特征，那么通过这些比例差别我们便能充分区分种属了。

人们在区分种属时，往往会将它们具有的特征作为依据，但是，对我们来说，这种方法是错误的，因为要区分种属，首先要看它们是否具有强调自身特征的趋向，以此为依据去区分种属才是合乎道理的。如果将这里

的趋向作为我们考虑的对象，我们就能真正精确地界定和区分动物和植物了，同时也能发现它们与生命的两个主要分支的联系了。

动物和植物的分歧首先表现在它们吸收营养的方式上。植物会直接从自然界的土壤、水和空气中吸收生命所需的元素，比如碳和氮等。相反，动物会直接从植物身上吸收生命所需的元素，但相对于自然界，它们是通过植物间接地吸收自然界的元素。简而言之，动物是通过植物间接地获取自然界元素的。

诚然，这个规律并不适合于所有生物。因为自然界中总会出现一些例外的情况。例如，捕蝇草、捕虫堇草等食虫植物也可以从动物身上获取生命所需的元素。因此，我们不能凭此给出任何静态定义。但是，这里的区别可能给我们提供一个出发点，从而让我们来动态界定动物和植物。

捕蝇草、捕虫堇草等植物与其他植物一样，可以由根部从土壤和水中汲取生命所需的元素，同时也能通过叶片从空气中汲取生命所需的元素。然而，它们也有捕捉和消化的机制，能从昆虫身上汲取所需的元素。这种机制可能是在它们后来的进化中产生的，它属于一种特殊情形。或许是在某个特定时期，由于土壤过于贫乏，这些植物无法直接从自然界中汲取充足的营养，所以它们才逐渐进化出了这种机制。

概括来说，如果我们在研究生物进化的主要方向时不在意这些特殊情况，而只关注生命特征的发展趋向，或者将这种趋向看作是进化得以延续的基本趋向，那么我们就能对动物和植物做出以下区别：植物可以将自然界中的无机物质转变成有机物质，但动物不能做到这一点。或者说植物可以直接将无机物变成自己的营养元素，而动物只能通过食用植物间接地获取无机界的元素。

现在，还有一个与之毫不相关却更为深刻的区别。我们知道，动物不能直接固定吸取自然界中的碳、氮等元素，所以它们只能通过直接食用植物，或者食用已从植物那里汲取这些元素的动物来维持生命。正是由于这个原因，动物必须拥有可任意活动的特性，从低级动物到高级动物都是如此。

在进化的总方向上，运动性就是动物生命的典型特征。在动物生命刚刚诞生时，它们的生命形式极其简单，只是一些块状的原生质组织而已。这些组织的外层包裹着纤薄的一层类蛋白膜。这层膜可以随意变换形状，拥有充分的运动自由。

相反，植物最开始只包裹了一层不能随意变形的纤维素薄膜，这层膜没有运动自由，这也导致植物产生了不能运动的特性。无论是低级植物还是高级植物都养成了相同的习惯，也变得越来越固定，它们无须运动，只需直接吸收土壤、空气和水中的元素便能维持生命。

但不可否认的是，植物中也可能存在运动现象。达尔文在自己的著作中便论述过攀缘植物的运动和食虫植物捕捉昆虫的运动。我们还知道一些金合欢属植物的叶子也能产生运动。

实际上，植物原生质与动物原生质之间是存在着一定联系的，通过研究植物叶片中的原生质循环便可以证明这一点。

在许多动物当中，特别是某些寄生虫当中，我们可以观察到一些与植物的固定现象相近的现象，即动物的固定现象。

由此我们可以对生命的运动性和固定性做出以下声明：只通过对生命运动性和固定性的简单观察，是不能确定生命属于动物还是植物的，这种方法明显是错误的。动物在陷入麻木状态时会表现出固定性，这意味着动物不再朝着某一方向继续进化。这种麻木状态与寄生现象非常相近，动物在这种状态中表现出的特征与植物的特征非常相近。

尽管如此，我们也必须要承认植物的运动与动物的运动还是有很大区别的，动物运动的频繁性和多样性是植物运动所不具备的。植物的运动往往是局部的，而非整体性的。有时，植物的运动是一种朦胧的运动，就像是在睡梦中偶然醒来一样。

虽然植物会像动物一样具有一定的运动性，动物也会像植物一样具有一定的固定性，但是植物更倾向于具备固定性，而动物更倾向于具备运动性。或者说，植物拥有运动性和动物拥有固定性都是少数情况下才会发生的事情。

这两种趋向是对立的，它们对动物和植物的进化起到了明显的导向作用。甚至，我们在大多数情况下都能用它们来界定动物和植物。但是，运动性和固定性也只是生物进化深层趋向的表面趋向。

运动性与意识相关联，它们之间的联系是显而易见的。而生物的意识又与它们大脑的配置密切相关。动物的神经系统越发达，它们运动的选择就会越多样，运动的机制就会越精确，运动的意识也会越清晰。但是，无论是运动性、选择性，还是精确性、意识性都不能成为神经系统产生的必要条件。

神经系统只是在进化的特定方向上形成通道，并发挥更大的作用。它能使生物产生某些初级的模糊运动，同时将这些运动分散在无机界中。动物的其他器官和元素都是如此。某种动物没有大脑，我们便认为它没有意识，这无疑是一个荒唐的理解，就像是某种动物没有胃，我们便认为它不能从环境中摄取营养一样。实际上，神经系统与大多数系统一样，也产生于劳动分工。神经系统虽然无法创造功能，但它能赋予功能反射信息，帮助功能进行自愿活动，或者说，它能通过这两种方式来使功能的强度和精确性变得更高。

脊髓、延髓等机制是实现反射运动不可或缺的。为了使有机体在几种运动中自愿做出选择，大脑的各种神经中枢就要发挥作用，其中的神经交叉路线要通向不同的运动机制。而运动机制虽然拥有众多的形式，但它们拥有着同样的精确性。

但是，如果在动物体内的某个地方，神经元素还没有形成特定的通道，那么在这个地方就会产生某种东西。在这个东西中，神经反射和自愿意志会分别产生。实际上，这种东西本身没有神经反射的精确性，也没有促使自愿活动的智力运动，它只能少量地参与这些活动，属于一种不清晰的有意识反应。

低等有机体的意识与自由活动之间存在着一种正比例关系，其意识越强，自由活动也会越多。意识是运动的结果还是原因呢？我们可以从两方面给出答案：一是意识是运动的原因，因为意识可以指导运动；二是意识是运动的结果，因为只有不断地运动才能维系意识，运动消失时，意识也会跟着消失。

根头虫这种动物具有明显的分化结构，它们由寄生现象构成的固定性伴随着神经系统的退化。在这种情况下，意识活动是取决于神经系统的。由此我们可以推断：根头虫的意识活动比其他更缺少分化的动物还要弱。而这些更缺少分化的动物从没有产生过神经系统，但它们一直可以随意地移动。

4. 动植物的区别来源于有意识和无意识的对立

大自然总是将植物固定在陆地上，于是，植物只能在生长的地点摄取食物。既然如此，植物似乎有没有意识活动都无关紧要了，但它们为何还要朝着有意识的方向进化呢?

包裹着原生质的纤维素薄膜具有固定性，它使植物无法主动移动，也使植物无法被动接受外界刺激。所以它们的意识陷入了沉睡。相反，动物

的原生质薄膜可以使它们自由地进行运动，也能使它们接受外界的刺激，而正是自由运动和外界刺激的双重作用，动物的意识才不至于像植物那样沉睡。由此可见，植物是没有意识的。

然而，还存在一些根本的区别。有意识和无意识是对立的概念，它们不是两种机械标签，我们不能对应性地将有意识贴在动物细胞身上，将无意识贴在植物细胞身上。因为一些退化不动的寄生虫也可能是无意识的，而一些可以局部运动的植物也可能是有意识的。

但是，我们可以这样来描述动物和植物，即有意识是动物进化的方向，而无意识是植物进化的方向。有意识和无意识徘徊在动物性和植物性之间。在这个范围内，我们就能根据生物是否具有感觉性、是否倾向于有意识来界定动植物了。很明显，当一种生物具有感觉性和意识倾向时，我们就将它界定为动物；当一种生物不具有感觉性和意识倾向时，我们就将它界定为植物。

植物能借助无机自然界中的物质制造有机物。一般来说，植物拥有这种特性不需要自然赋予其运动，它们自身也不需要去感觉周围事物。相反，动物要维持生命就需要四处活动、到处觅食，它们不得不向着运动的方向进化。正是有了这种进化倾向，它们才具有了越来越明确和丰富的意识。

现在，我们可以看出，动物和植物很可能拥有共同的祖先，或者说它们都是由共同的祖先分化出来的。最初的生命既不是严格的动物细胞，也不是严格的植物细胞。在某一个时间段，它必定在这两种形式之间徘徊不定，或者同时具有这两种形式的特征。

我们在动植物世界中所能看到的只是两种典型的进化趋向，这两种进化趋向存在截然相反的性质，尽管它们彼此不同，但至今仍共存于动植物世界中。无论在动物身上还是在植物身上，这两种典型的进化倾向都存在着，只是它们在动物身上的比例与在植物身上的比例是不同的。

一般情况下，一种倾向要么被掩盖，要么会强势压倒其他倾向。而在一些特殊环境中，一些被掩盖的倾向或被压倒的倾向也能重新产生，重新占据它原来的位置。植物的运动性和意识可能在环境允许的情况下被唤醒，同时动物进化的植物性倾向也可能使它们产生退化现象。动物的运动无论显得如何理所当然，动物本身也可能会出现麻木、无意识等植物所具备的特性。一定程度上来说，动物之所以能保持自己的动物性，是因为它们努力使自己向动物性靠拢。它们在努力的同时，以疲惫为代价才具备了如此这般的动物性。

动物的进化也存在着许多缺陷，一些衰退现象也常会出现，这些现象与寄生习惯相关，并向着植物生命转变。事实证明，动物和植物曾经拥有共同的祖先，它们由一个祖先分化而来，继承了动物性和植物性这两种趋向。

然而，尽管在生命的原初形式里，这两种倾向可以相互包容，但它们在之后的发展中却分道扬镳了。因此，我们现在的世界才会分为动物世界和植物王国。

我们不需要借助神秘力量也能对动物和植物的划分做出解释。我们知道，生物都倾向于采用对自身更有利的方式生存下去。因此，动物和植物在获取自然界中的碳、氮等元素时，也自然会选择对自身更有利的生存方式。植物选择直接从无机环境中摄取这些元素来维持生命，而动物则选择通过自身运动寻找并摄取已被固定的有机元素。植物和动物以不同的方式勤勉，又以不同的方式闲散。

由于这个原因，我们开始产生疑问：植物身上是否也具有某种神经系统呢？我们开始相信植物体内存在着某种与动物意志相对的东西，即植物的易感性。这是一种完全适合于植物的性质，例如，植物的叶绿素可以感受到微弱的光，并借助这些光进行光合作用。也就是说，植物对光的易感

性便是这种性质的完美体现。我们认为在这种性质中便体现出了植物具有某种“神经系统”。植物“神经系统”的作用介于感觉和活动之间，我们完全可以将其看作是它们之间的中介。这种“神经系统”既有可能是植物的一种机制，也有可能是植物的一种特殊化学反应。它的作用介于促使植物发挥易感性和光合作用之间。

由此可见，植物其实并不具备所谓的“神经系统”。动物身上存在的能促使神经或神经中枢产生的那种冲动并不能在植物身上体现。因为若植物也存在这种冲动，它必定因为光合作用的存在而止步。从有机界中的事例可以证实：促使动物和植物相结合的那种东西，也是促使两者分开的东西。

5. 自然界的三大王国：动物、植物、微生物

我们曾假设生命在诞生之初便存在着一种努力，这种努力使具有必然性的物理力量多出了些许不确定性。而实际上这种努力本身不能为生命创造出能量，即使它为生命创造出了能量，我们也无法凭借科学和经验来测量这些能量的大小。那么这种努力对生命有何作用呢？其实，它的作用只是尽可能地寻找并利用已经存在的能量。这种努力要发挥自身作用只有一个途径，即扣动扳机，释放从材料中获取并积累起来的能量。只有这样做，生命才能获得行动的力量。

生命的努力只有释放力，而它所能释放的能量必定是等于或小于已有的能量。生命积累起来的能量越多，这种努力的作用便越能充分发挥，或者说，其努力就会越有效。

我们知道，自然界的大部分能量都来自于太阳，太阳光是地球上最主要的能源之一。植物能够通过光合作用将太阳能存储到身体中，从一定程

度上来说，植物其实就是自然界的能量库，也可以说植物体内的有机物是自然界的能量库。植物体内的淀粉、葡萄糖、果糖等有机物都是通过光能转换成化学能生成的。自然界在何时何地何方向上需要利用这些能量，就会将这些能量从能量库中提取出来。

有机物拥有复杂的分子结构，它们包含着大量的化学能。这些有机物就像是一个个炸药，其中蕴含着巨大的能量，只需一个小小的火星，便能点燃这些炸药，让它们将存储的能量释放出来。因此，我们完全可以想象：在生命之初，每一个活着的生物都可能在同一时刻同时包含制造“炸药”和点燃“炸药”这两种功能。

显然，那些存储了太阳能的有机体必定可以在维持生命运动的过程中消耗所存储的能量。由此我们能够假定：原始生物都能通过自身的努力积累太阳能，同时也能在生命运动中爆发式地利用这些能量。例如，某些纤毛虫的体内会产生叶绿素，它们可以进行简单的光合作用，比如眼虫草属等。这些动物仍然能体现出原始动物的那种特性，使得它们看起来像没有进化一样。

动物和植物一直向着不同的方向发展，这是否与它们分别遗忘了另外一种进化路径有关呢？或者，材料的性质是否决定了两种相去甚远的进化趋向不能在同一种生物体内共存呢？

现在，我们可以确定以下事实，即大多数植物都具有储存能量的趋向，而大多数动物则具有消耗能量的趋向。引用我们的比喻就是，大多数植物都热衷于制造“炸药”，而大多数动物则热衷于引燃“炸药”。然而，如果大自然让生物储存能量是为了消耗它们，那么从这个意义上来说，生命整体发展的基本方向便是动物化而不是植物化了。

因此，植物和动物之间的“和谐”以及它们表现出的互补性特征，很可能是由于它们分别发展了储存能量和消耗能量这两种趋向。生物越是朝

着一种原始趋向发展，它越是难以将两种不同的元素相结合，尽管这两种元素的原始状态是相互包容的。正是由于这个原因，生命才一分为二，朝着两种不同的方向进化。也正是由于这个原因，生命才会出现相互对立且又相互补充的两种特征。

然而，动物和植物之间不管是对立的，还是互补的，它们始终都保持着密切的关系。如果没有例外情况的发生，动物会一直朝着越来越自由的消耗能量的方向发展；而植物会不断完善其累积能量的系统，越来越向着储存能量的方向发展。

对此，我们只需说明一点，即植物会在类似于划分动物和植物的新划分中重新获益。原始植物细胞既可以固定碳元素，又可以固定氮元素，随着生命的进化，自然界又相继出现了具有两种功能的微型植物，当这种微型植物继续进化，它就可能朝着第一种功能的方向发展，而放弃了第二种功能。在这个复杂的过程中，生命的某些功能获得了特化。

某些微生物可以固定空气中的氮元素，它们可以通过体内的氨化合物与空气中的氮进行反应，最终生成氨化合物。这是微生物向植物提供的供应服务，就像是植物向动物提供供应服务一样。

如果让微生物建立一个特殊王国，那么供养它们的“土壤”就是动物和植物组成的土壤，它们会对这些“土壤”进行分解，从而为自身提供所需能量。自然界是否在一开始就存在这种劳动分工呢？它是否一开始就让植物储存能量、动物消耗能量、微生物分解动植物的尸体呢？如果存在分工，就说明生命的进化存在某种联合。但是，生物的进化不是来自联合，而是来自分散，它不趋向于集中，而是趋向于分散。

生物进化中的和谐是由生物相互适应形成的。这种和谐最开始是完整的，它源自某种原始的同一性，产生于进化的两个分支之中，与生物的发展相适应。

自然分配到同一种趋向中的元素，其重要程度是不相同的，因为它们各自拥有不同的进化之力。我们将自然界分成三个王国：动物王国、植物王国和微生物王国。微生物王国只包含那些始终处于原始状态的微型有机体，而动物和植物进化形成的生命形式更加缤纷多彩，呈现出令人羡慕的多样性。而这所有的一切，都是生命朝着一种趋向不断发展的结果。在进化的路上，一种趋向可能产生无数个分支，在这些分支中，一些发展可以持续进行下去，但另一些发展却可能很快达到了极限，然后突然戛然而止。后一种发展是一种有限的发展，其中包含了最初趋向分裂出来的元素，我们可以将其当作是最初趋向发展制造的剩余发展。

每一种生命趋向都拥有着自己的标志，通过这些标志，我们便能识别出它们来。每种标志都像是一个痕迹，它代表着原始趋向中的基本方向。一个趋向中的元素不是并列的，也不是彼此隔绝的，它们就像是人类的心灵状态，可以单独存在，但又会在后来的经历中相互渗透，并包含着自己的个性。

一切生命的表现形式在向我们显示自身特征的同时，也在向我们显示其他表现形式。如果我们在生命的一条进化路线上发现了其他路线的形式，我们便会给出这样的结论，即这种形式只是由生物从同一种原始趋向中分化出来的元素构成的。

由此我们可以说，动物和植物也是同一种原始趋向分化出来的元素，它们是生命主要进化分支中的两大代表。植物具有固定性和无意识性，动物具有运动性和有意识性，一般情况下，我们都能通过这两方面的特性来区分植物和动物。但是，不可否认的是，在植物基因深处，仍然沉睡着运动性和有意识性；在动物的基因深处，仍然沉睡着固定性和无意识性。也就是说，这些特性也可以作为动物或植物的回忆被唤醒。

然而，除了这些睡眠中的回忆外，还有一些活跃的东西，这些东西的

活动不会阻碍基本趋向的发展。据此，我们总结出这样一个规律，即生命的一个原始趋向在发展过程中会分裂出许多分支趋向，而每一个分支趋向都保留了原始趋向中的元素，同时也发展了原始趋向中适合特化的东西。这个规律可以用以解释为什么独立进化的两个物种可能产生相同的复杂器官。

我们可以看出动物和植物之间存在着某些深层的相似性，而导致这种相似性产生的原因只有一个：有性繁殖对植物来说只是一种奢侈，而对动物来说却是不可或缺的；植物之所以能进行有性繁殖，是因为它与动物一样也拥有着某种原始冲动。这种原始冲动同样是动物进行有性繁殖的原因，而且早在生命进行动物性和植物性分化之前就已经存在了。正是由于这种原始冲动的存在，动物和植物才能向日益复杂化的方向发展。

对动物来说，在这个日益复杂化的趋向上，它们要不断地扩大运动的范围和效果，并为此进行缜密的思考。而对植物来说，它们所表现出的固定性和无意识性以及日益复杂化的趋向都只源于一种原始的冲动。

6. 能量的供给是“感觉—运动”系统的加油站

自然构成动物性的能力充分利用了释放机制。正是由于这种释放机制的存在，动物才能将那些储存的能量最大限度地转化为“爆炸”行动。在动物诞生之初，它们的“爆炸”行动只会偶尔发生，并且没有固定的方向。例如，变形虫就是以这样的方式行动的，即它只会同时向外伸出假足，而从不考虑其方向性。然而，只要我们观察一些更高级的动物就能发现，它们在释放能量时往往事先便选择和明确了方向。或者说，从这些动物的身体形式上便能看出它们释放能量的方向。

从表面来看，动物的运动方向便是其释放能量的方向；从内部来看，动物的神经元素链标示的方向同样也是其释放能量的方向。而动物的神经可以直接控制动物的运动。因此，一定程度来说，相比于观察运动方向，观察神经元素链的标示方向能更加准确地了解动物释放能量的方向。由此可见，动物的运动和释放能量的方向都与神经元素有着密切的关系。

变形虫等动物虽然非常低级，它们的有机组织几乎不具有分化能力，但是为了维持生命运动和释放能量，它们的身体中也会逐渐产生大量的神经元素。根据这一事实，我们推测：神经元素本身就具有一种释放能量的能力。

我们知道，生命细胞不断地消耗能量是为了维持自身平衡。植物细胞一直处于相对固定的状态，这似乎是它专注维持自身平衡的证据。然而，从表面来看，动物的一切都指向了运动，它们会充分利用能量以使自己可以在一定范围内活动。

毫无疑问，动物细胞为了维持生命需要消耗大量能量。但作为一个有机体系统，它们也在试图最大限度地吸收能量。而这一切无不与神经系统的安排有关。因此，生命体内只要存在神经系统，往往就会发生以下情况：只要神经系统需要，身体的其他部分都要为它们的工作做准备，或者直接向它们输送用以释放的能量。

对于高级动物，食物的作用很大，也极为复杂。动物受伤时，补充食物可以帮助它们修复机体组织；动物在活动或遭遇寒冷时，补充食物可以帮助它们提供必需的热量。由此可见，食物既能修复有机体，又能维持有机体，简而言之，有机体的生存要依靠食物。动物的体内存在着神经系统，神经元素的生存离不开有机体。这是因为如果有机体不能向神经元素提供能量，那么它们便没有生存的依靠了。而有机体向神经元素提供的能量从何而来呢？答案很明显，这些能量都是食物提供的。因此，我们可以推测：

动物摄取食物的基本目的便是为神经元素提供能量。

但是，我们这样推测，并不意味着动物所摄取的绝大部分食物都用在了这一目的上。生命需要巨额能量的支出，才能补偿它们所消耗的能量。如果扣除生物聚集能量的成本，那么它们必须消耗的能量总和就可能微乎其微。这一能量的总和既是生物消耗的原因，也是补偿消耗支出的原因。因此，与其说动物摄取的是食物，不如说它们摄取的是能量。或者说，动物可以从食物中获得能量。

事实证明，神经元素、肌肉元素与有机体其他部分的关系也像是动物与食物的关系。分配在动物不同神经元素上的营养物质主要分为两类：一是以类蛋白为主的四元营养物质，二是以碳水化合物、脂肪为主的三元营养物质。其中，碳水化合物不仅具有修复集体组织的作用，还能为机体提供必要的能量。实际上，第二类营养物质主要担任为机体提供能量的角色。这些物质存在于细胞里，而不用于构成细胞本身，它们只会给细胞提供运动和制造热量所必要的能量。

第二类物质的基本形式为葡萄糖。动物可以通过动脉血液将葡萄糖运输到身体各处，然后通过生理化学反应将葡萄糖分解成身体所需的能量。另外，营养物质中的糖原可以被存储于机体组织的细胞之中。

我们知道，肝细胞的基本功能是分泌和储存糖原，其作用是维持和平衡血液中的葡萄糖含量。从血液的葡萄糖循环和肝脏的糖原积累过程中，可以发现，有机体的所有努力似乎都是为了给肌肉元素和神经元素提供能量。在这两个过程中，有机体以不同的运作方式产生了同一个结果。

血液的葡萄糖循环为肌肉细胞提供了大量能量，这同样也导致了肌肉中的糖原含量比其他组织的糖原含量要高得多。但需要注意的是，神经组织中的能量储存很少。一旦神经组织中那些极少的能量被消耗，血液就会立刻为神经组织补充能量。所以，无论何时神经组织里总是储存着适当的能量。

由此可见，不仅肌肉组织有特权，神经组织也有特权。肌肉组织的特权是存储大量能量，神经组织的特权是储存少量能量，但一旦能量消耗，就会得到补充。

神经组织和肌肉组织的潜能源自生物的“感觉—运动”系统，该系统的特点是需要大量的糖原。这些潜能让我们很容易产生这样的感觉，即动物其他组织部分的存在都是为了向神经系统和肌肉组织提供能量。

如果将神经系统看作是有机生命的调节器，我们就能提出这样的问题：有机生命的神经系统与其他组织进行物质交换的过程中，神经系统是否担任受到主要服务的角色呢？或者说，神经系统是否是其他身体部分的主人呢？

事实上，如果我们从动物潜能在身体组织中的分配情况这个方面来考虑，就会倾向于肯定这个问题。因为，它们的潜能更多地被分配在了神经系统之中。而若我们从消耗和补充能量的条件考虑，我们就会更加确定这个假定。

假设动物的“感觉—运动”系统与它们身体的其他系统都处于相同的等级，那么就说明遍布有机体全身的这个系统只能接受与其他系统相同的待遇，或者只有等到剩余的能量被供给于它时，它才能开始运作。同时，也可以认为神经和肌肉消耗的能量是它们自己生产的糖原提供的。

相反，如果“感觉—运动”系统是其他身体部分的主人，那么它的运作就不会依赖于其自身所含的糖原了，或者说这个系统的运作也可以依靠其他身体部分的能量支持。于是，当“感觉—运动”系统进行工作时，其他身体组织便会随之进行调整，只有这样，这些组织才能随时随地的为神经系统提供能量。

实验表明，肝脏分泌糖原是由刺激性神经支配的，而刺激性神经的行动又受到刺激运动肌肉神经的支配。站在这个意义上，肌肉在展开运动时是不会计较能量消耗的，当它消耗尽血液中的葡萄糖时，就会发送一个信号让肝脏去制造新的糖原。而当肝脏“感知”到血液中的葡萄糖被耗尽时，就会向血液之中补充自身储存的糖原。正是因为这个原因，“感觉—运动”系统才能在其权力范围内进行一切行动。

当我们看到一切能量都向着“感觉—运动”系统汇聚的时候，我们就可以肯定地说，动物身体的其他部分都是为“感觉—运动”系统服务的。

现在，我们通过一个新的现象来证明我们的结论。我们知道动物在被长期禁食后会导致死亡。人们在观察自然界中被饿死的动物时，发现了以下结果：被饿死的动物的大脑几乎没有减轻重量，也就是说它的大脑是完好无损的；而动物的其他器官却或多或少的减轻了重量，它们的细胞已经发生了巨大的变化。观察这些现象，我们很容易产生这样的感觉，即生命的其他所有器官都在极力维持神经系统，即使付出了自己的全部也在所不惜。这样看来，生命的其他部分都是维持神经系统的手段，而神经系统的持续才是其他部分的目的。

如果说“感觉—运动”系统是由大脑神经、感觉器官和运动肌肉所构成的综合系统，那么总的来说，每一个高级动物其实就是一个“感觉—运动”系统，或者说它们的本质就是这样一个系统。这个系统建立在众多的系统之上，比如消化系统、呼吸系统、循环系统、内分泌系统等等。可以说，其他所有系统都是为“感觉—运动”系统而服务的，这些系统分别承担了修复、清洁和保护这一系统的工作，同时能为它创造一个稳定的内部环境，并为它提供所需的能量。

一定程度上，我们可以单纯地将“感觉—运动”系统看作是神经系统。我们知道，动物的神经系统越完善，它的功能也会越繁多、越复杂，同时神经系统本身也会越精确。对神经系统来说，它必须尽可能多地聚集起周围所有的活动，并获得它们的支持，而它所聚集的活动也会受到另外活动的支持。同时，另外的活动又会受自身周围活动的影响，以此类推，直至无穷。也就是说，神经系统越是完善，其所涉及的其他活动就会越多，有机体功能的复杂性也会因此不断增加。总之，神经系统是整个有机体循环圈的中心，它连接着感觉器官和运动机构。

7.生命进化的最高成就——神经系统

神经系统的发展取决于两个方面：第一是更精确的适应运动，第二是更大范围的选择运动。虽然这两个方面是相互冲突的，但它们被神经链成功的协调了起来。神经链明确标志出了感觉点和运动点之间的轨迹，这就意味着它沟通了分散在原生质层里的一个活动。这是它的第一个特点。当然，它还有另外一个特点，即神经链的构成元素可能是非连续的。对于这一点，即使我们假设神经链是网状的，我们还是能从它们的功能上看出某种非连续性，换而言之，它们的功能是非连续的。我们可以看到，每个神经元素最后都在一个交叉点结束，而神经流则可能会在这些交叉点的基础上继续选择自己的行程路线。

从无核原生物到昆虫，从昆虫到脊椎动物，生物进化的过程主要体现了神经系统的发展。在生物进化的每一段进程中，有机体的神经系统都会呈现出全新的结构和复杂性。生命的发展使材料具有了不确定性，它们会在进化的过程中创造出许多不可预见的形式。可以说，生命的进化是以创造多种生命形式为载体的活动，这种活动中充满了自由性和不确定性。

神经系统把神经放置在一些端点之间，这些端点各自独立，并向外伸展着多个路径，就像是这些路径的中枢。而每一条路径又会在自己延伸的

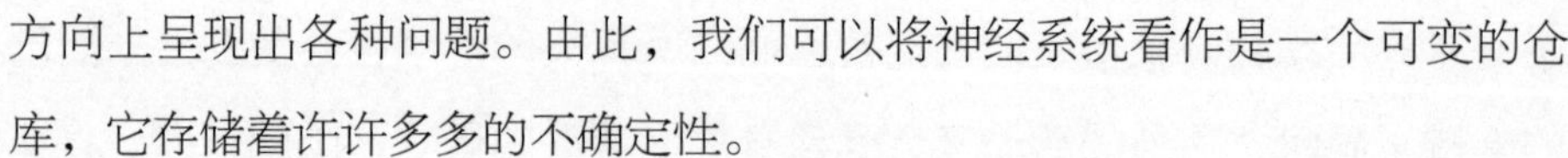

方向上呈现出各种问题。由此，我们可以将神经系统看作是一个可变的仓库，它存储着许许多多的不确定性。

生命冲动将自己的主要力量消耗在了创造神经系统上，只需简单观察一下整个有机界，我们便能确定这一点。然而，在这里，我们对生命冲动有必要做些解释。

生物运作的力量是有限的，它们总是试图不断超越自己，但它们的努力总是不足以完成它们必须完成的工作。正是由于对这一点的误解，我们才会经常犯激进目的论的错误。目的论将生命世界比作一个类似于人类作品的结构。为了使这个结构或机器能够发挥出它的最佳功能，自然将这一结构的局部按照其所需的要求一一装配在了一起。每一个局部都有自己的位置和作用，也都有它存在的理由。

局部组装成整体就像是音调合成为一首曲子。表面来看，单独的音调突兀地出现似乎是不和谐的声音，但实际上，它们共同组成了基本的和声。正是这些和声的协调才构成了一首和谐完美的曲子。

大自然制造的一切都像是人类制造的作品，制造与被制造之间似乎存在着一种对应关系。但是，在生命进化之中却不存在这样的规律。换而言之，在生命进化的过程中，自然的努力和收获存在着惊人的不对应关系，或者说原因和结果存在着超出人们想象的不对应关系。

生命金字塔的底层和顶层之间存在着一种巨大的努力，但是这种努力通常是匮乏的，它时而会被对立的力量抵消，时而又会偏离其原来工作的轨道。

即使是在一个完美的作品里，这种努力克服了外来的和自身的阻力，它也必须依赖自己的物质性才能做到这一切。或者说，它的一切成功都得益于它的物质性。这是每一个人都可能体验的东西。我们在自由的运动中创造了一些习惯，这些习惯不是一蹴而就的，而是通过日益增长的东西累积而成的。如果习惯不能通过努力来更新，那么它们就会阻止我们的自由。只有存在着足够的自动性，我们才能自由地发展。

自然虽然在努力造就一些东西，但其所期望的结果与她的努力往往是不一致的，而造成这种不一致的原因可能是：生命运动的节奏与生命各种形式形成的节奏是不同的。任何人都无法克服这种节奏的不同，即使是自然也不例外。

生命本身是运动的，生命的表现形式虽然接受了这种运动性，但常常会落后于它。运动性常会表现出时间性，它们总是向前的。生命在进化时喜欢沿着直线前进，每种独立的进化都像是一个循环，又像是风形成的气旋。每一个生命也总喜欢围着自己旋转，它们被生命刮起的飓风包围着，正是因为这些飓风的存在，它们的生命才能维持下去。因此，生命体是相对稳定的，它们看起来一动不动，就像是一个物体，而不是一个进程。生命体的这种特性使我们忘记了这样一点，即生命恒久的形式只是生命运动轮廓的表现而已。

然而，有时负载生命形式的无形载体又会具体地呈现在我们眼前。从自然界普遍存在的令人诧异同时又令人感动的伟大母爱之中，我们可以获得这种启示。通过观察这种伟大的爱，人们窥见了生命的秘密。或者说，这种爱可以向我们展示生命的秘密，这一秘密就是：生命的每一代都会倚靠着它的上一代。从中我们又发现了一个事实：每一个生物其实都是一条通道，由这些通道传递生命的那种运动便是生命的本质。

生命的运动和形式之间虽然存在着对立，但同时也会呈现出许多相同的特征。生命试图尽可能地向前运动，而每个物种只能提供轻微的努力。生命本就是一种连续生长的运动，这种运动一直在不同的物种之间过渡。但是，每当生命在物种中通过时，这些物种都会以自身的利益为目标，它们只希望通过最少的努力来获得回报。物种会被自己采取的形式所吸引，然后陷入局部的沉睡。在这种沉睡的状态中，物种会忽略其他生命的运作，而尽量让自己成形，因此，它就要尽可能地从环境中获得益处，同时尽量避免不必要的麻烦。

但是，我们必须要注意，生命进化发展中不断创造新形式的运动与新形式成形的运动是不同的，不仅如此，它们还是相互对抗的运动。这两种运动是相连续的，但是，如果生命只盯着自己前进的方向，那么它就不会从第一种运动延续到第二种运动。这就像是一个运动员在跨栏赛跑时，不得不将关注障碍的目光移至自己身上一样。

从定义上来说，所谓的生命形式指的便是能让生命存活的形式。无论如何解释生命对环境的适应，我们的解释都必定是充分的，因为生命毕竟存活并延续了下来。从这个意义上来看，每一种得以延续的物种都是生命努力取得的一个成功。

但如果我们只提及物种进化时残留在身后的运动，而不提及其中的任何条件，我们从中获得的印象便截然不同了。这些运动常常会偏离进化的主要路线，而且还未延伸多远便终止了。从这个新视角上来看，失败似乎是进化过程中常有的事情，而成功却是一种偶然或例外。因此，在这种观点上，那些生命已经取得的成功都是不完美的，或者说这些成功必定不是一帆风顺的，其中一定经历了种种失败。

由此可见，生命进化的路线有很多，但大部分路线都是死路，只有很少的路线能够继续延伸。这就意味着生命在进化途中的努力要远远超出其所获得的结果。

8. 成功的进化是主动地出击，而不是被动地防守

虽然我们缺乏重构进化历史细节的证据，但我们仍能描述它的主要脉络。我们知道，动物和植物拥有共同的祖先，它们很早便相互分离，成为各自独立的存在。此后，植物走进了没有运动的状态，动物走进了无休止的运动状态，并逐渐建立了神经系统。

动物努力的结果是创造了一些简单有机体，这些有机体的形式极不稳定，并且天生就有着行动自由。而正是由于这种特性，生命才能适应未来环境中的那些不确定性。我们所说的这些生命就像是今天的这些蠕虫。但是，两者之间是存在区别的，即今天的这些蠕虫只是一些例证，在未来的某一天，它们可能成为棘皮类、软体类、节肢类和脊椎类动物的共同祖先。

在进化途中，这些动物将遇到某种危险或障碍，而这个危险或障碍可能阻碍它们的上升过程。我们在研究原始动物时会情不自禁地被它们的一种特性所震惊。这一特性便是：每一种原始动物几乎都有坚硬程度不同的壳，这些壳阻碍了动物的自由运动，甚至会使它们的运动彻底停止。软体动物在过去和现在是不同的，原始时期的软体动物普遍拥有着坚硬的壳，就像是今天的海螺、河贝一样。同时，原始时期的节肢动物通常也都具有甲壳，远古鱼类一般都具有非常坚硬的类骨鞘。

我认为我们若想去探寻这一事实的原因就需要投身于一种趋向之中。这一趋向便是，原始时期的软体动物为了使自己不容易被其他动物吞食，才进化出了坚硬的甲壳来保护自己。也就是说，它们进化出这样的甲壳，是为了不被天敌吃掉。

每一个物种在未完成进化之前都趋向于以最迅速的行动使自己成为那个物种。在原始时期，逐渐出现了一些特殊的物种，这些物种与植物不同，它们不能将自然界中的无机物转换成自己所需的有机物。为了更加方便于

自身，为了节省能量和精力，它们选择直接食用植物来获取现成的有机物。也就是说，这些物种将自身转向了动物性，并最终把自己发展成为了动物。

而随着环境的变化，植物变得极其匮乏，一些动物必须改变自己的生存方式，重新出发。于是一些动物开始以其他动物为食。动物能够依靠自己的运动性去搜寻那些无法抵抗自己的动物，然后像某些动物以植物为生那样以动物为生。由于这个原因，那些活动能力强、活动范围广的动物似乎更加具有攻击性。换言之，动物的运动性越强，便越是危险。

正是由于出现了这些极其危险的动物，自然界开始出现一种新状况：动物本来向着越来越高的运动性前进的步伐突然停滞下来，因为不管是棘皮类动物、软体动物、鱼类等都进化出了坚硬的甲壳。这样的进化都源自一种努力，即自我保护、抵御外敌的努力。但是，动物进化出的甲壳又反过来限制了它们的运动，有时它们不得不被笨重的甲壳限制在一个地方而动弹不得。

如果说植物为自己裹上一层起保护作用的纤维素便不得不舍弃意识的话，那么动物将自己关在坚硬的甲壳中便不得不牺牲自己的部分运动性。从一定程度上来说，植物和动物都让自己陷入了这种怠滞状态，如今的棘皮类动物和软体动物依然还生活在这种麻木的状态之中。即使如今的节肢动物和脊椎动物已经脱离了这种状态，但至少它们也曾受过这种状态的威胁。幸运的是，这两类动物最终脱离了这种威胁，而这主要得益于生命向更高级形式的扩散。

生命运动从未停息，在进化的路上，它在两个方向上获得了更有利的发展。第一个是向更高级的鱼类发展的方向。远古鱼类慢慢褪去了自己坚硬的胸甲，然后为自己换上了柔韧的鳞片。第二个是向更高级的昆虫发展的方向。在鱼类进化成熟之前，昆虫便已经生活在了这个世界上，并且在不久之后，它们陆续摆脱了坚硬的甲壳，但仍然有一些适应了身负甲壳的生活。但无论如何，鱼类和昆虫都获得了进化，都拥有了非同寻常的敏捷性。凭借这种敏捷性，它们可以脱离大部分天敌的魔爪，不至于走向灭亡。

随着敏捷性的增强，鱼类和昆虫的攻击性也越来越强，它们开始主动选择相遇的地点和时间。鱼类和昆虫曾经更倾向于保护自己，所以它们选择了坚硬的甲壳；而随着不断的进化，它们重新制定了战略，选择以攻为守。于是，它们舍弃了甲壳，获得了敏捷性，甚至会主动去猎捕其他动物。可以说，正是这种敏捷性弥补了它们保护层的不足。

同样，我们在人类进化的过程中也看到了类似的现象。人类最初的冲动更倾向于寻求防护，他们试图设置陷阱和躲进山洞来寻求自我保护；然而，人类在后来的日子里产生了第二种冲动，这种冲动可以帮助他们变得更加灵活、更加具有机动性。与其说敏捷性会更有利于人们的逃遁，不如说它更便于人们发动攻击。有时候，进攻才是最有效的防御，身穿铠甲的士兵也可能会被轻装上阵的士兵打败。

因此，在生命的进化中，在人类的进化中，那些最成功的物种不是趋于防守的物种，而是那些主动战胜了强敌的物种。

动物不断增强自身的运动性，从中获益的不是别人，而是它们自己。在谈及生命的适应性时，我们曾提到过这样一个观点，即生命的一切变化都是为了其自身的利益。以这个观点为依据可以解释生命为什么会变异，或者说，这就是生命变异的直接原因。当然，这只是表明原因。

而变异的深刻原因呢？在这里我们依然能够予以回答，即变异的深刻原因在于生命冲动。这种冲动能够将生命推向世界，将生命划分为截然不同的两种形式，比如植物和动物。这种冲动的神奇之处远非如此，它还能赋予动物灵活的机动性，并引领它们走出麻木状态，或者将自己从麻木状态中唤醒。总之，凭借这种冲动，生命才能继续前进，才能向更高形式进化。

9. 动物进化比植物进化更成功吗?

生命向植物形式进化的路线与向节肢动物形式进化的路线，是两条完全独立的进化路线。这两条路线的最大区别在于向着节肢动物发展的那条路线最终进化出了“感觉—运动”系统，而向着植物发展的那条路线却没有产生出这样高级的系统。

通过大量的事实证明，我们可以知道，生命进化的总体方向是朝着运动性和灵活性不断推进的。同时，通过一些实验，我们也能看出，生命同样也在向着运动的多样性方向发展。而这两条方向都涉及神经系统的发展。

当我们观察节肢动物和脊椎动物的神经系统时，很容易看出它们的区别。一些长短不一的环节构成了节肢动物的身体，这些动物肢节可以承担多种运动，每一个肢节都有自己独特的功能。反观脊椎动物，我们可以看到它的运动主要集中在两对肢体上，这些肢体拥有较高的自由度，而且功能更加完善。与这些动物相比，人类表现出了更加完整的独立性，人类的双手几乎可以完成任何复杂的工作了。

至少，这些都是我们表面看到的情况。然而，在这些表面的情况之下还存在两种可预见的力量。这两种生命体内的力量最初相互渗透，后来又在各自的发展中彼此分离。

要想了解并定义这两种力量，就需要我们去考察进化路上分别标示它们终点的那些物种。我们要如何才能确定这个终点呢？对于这个问题，即使我们利用几何般的精确性也可能无法给出答案。

我们必须承认，在一个物种独立进化的路线上是不存在任何等级标志的，也就是说，在同一条进化路线上不存在这样的标志，即可以用以确定一个物种比另一个物种更加高级的标志。因此，我们在判断物种进化的终点时，就需要在相同的情况下去比较那些物种的种种特征，只有这样，我们才能确定物种的基本特征、偶然特征以及是否将它们纳入考虑范围。

例如，我们比较优越性的标准通常是看一个事物比另一个事物是否更成功。一定程度上来说，“优越性”和“成功”是同义词。对生命来说，成功就是能在无比复杂多样的环境中生存，就是克服一切生存障碍，就是占据尽可能大的领地、获得尽可能多的食物资源。当我们看到一个物种占据了绝大多数的领地时，我们就说它是这片土地主要的具有优势的物种。只需看看我们自己，便能明白这个道理。因为人类就是一个优越的物种。一定程度上来说，人类就是脊椎动物进化的终点。同样，高级昆虫如膜翅类昆虫就是节肢动物进化的终点。

另外，我们同样可以猜测，或许那些出现较晚的物种都是退化的物种。但是，这种退化必定是有特定原因的，或许是由于这些物种联系着进化的更高级形式，才使得它们优越于原来的物种。人类是较晚出现的脊柱动物，膜翅类昆虫是较晚出现的节肢动物，因此它们都可能是退化的物种。

我们从进化的两个方面得出了相同的结论，即昆虫是节肢动物的终点，人类是脊柱动物的终点。

昆虫拥有着极为发达的本能，所以膜翅类昆虫的本能才能获得如今的发展。脊柱动物拥有着极为发达的智能，所以人类的智能才能获得奇迹般的发展。由此我们可以设想：动物的进化路线主要分为两条：通向本能的进化路线和通向智能的进化路线。

因此，麻木、本能和智能是与生命冲动对应的元素。这些元素以不同的形式出现在发展进程中，并按照各自的成长彼此分离。

亚里士多德的一个错误使得大多数自然哲学损失惨重，这个错误中介绍了三种生命，第一种是以植物为代表的生命，称为植物性生命；第二种是以具有本能的动物为代表的生命，称为本能性生命；第三种是以具有智能的动物为代表的生命，称为理性生命。亚里士多德的错误就在于将这三种生命看作是同一进化方向上的三个连续阶段，但实际上它们是生命发展中的三个不同分支方向。换而言之，它们之间不存在程度上的差别，只存在种类上的差别。

了解这一点非常重要，它将能帮助我们更好地理解接下来要讨论的内容。我们在研究植物和动物生命时已经明确：植物生命与动物之间既相互补充又相互对抗。同样，我们现在所讨论的智能与本能同样存在着这样的关系。

首先需要表明的是，智能和本能之间不具有承接关系，即智能不是本能的承接。同时，也不能单纯地认为智能和本能之间只存在等级的不同，也就是说，不能只把智能和本能看作是一高一低两个等级。但是，在现实中，我们常常认为智能高于本能，并把本能看作是智能建立的基础。

我们之所以这样看待智能和本能，是因为它们最初就是相互渗透的，它们同宗同源，是生命进化路线的两条分支，都保留着共同源头的某些元素。实际上，我们没有见过纯粹状态的智能，也没有见过纯粹状态的本能，两者总是相互依存，共同被我们发现并认识的。

植物骨子里的动物性一直处于沉睡状态，但在未来的某一天，它们的动物性可能被唤醒；同样，动物也有可能被引向植物性。植物具有动物趋向，动物具有植物趋向，这两种趋向相互渗透，因此动物和植物从来没有被完全隔绝开来，它们时常会表现出彼此的性质，始终混合在一起，只是在彼此性质的分配比例上存在区别。而且智能和本能的关系就像是动物与植物的关系。

我们总是能在智能中找到本能的痕迹，也总是能在本能中窥见智能的影子。由于这个原因，我们常常会对智能和本能产生许多误解。本能总是带着些许智能性，因此一些人便总结说，本能和智能是同种类别的东西，区别在于两者的复杂程度或完善程度不同。我们可以用本能的术语来描述智能，也能用智能的术语来描述本能。智能与本能相互伴随是因为它们相互补充，而它们相互补充是因为它们彼此不同。因此，智能与本能是对立的东西，而不是同一种东西不同程度的表现。

这是一个需要详加讨论的重要观点。因此，需要我们用最为明显的区别进行说明。实际上，凡是具体的本能都隐约渗透着智能，凡是具体的智能也都隐约渗透着本能。我们无法对它们制定严格的界定。因为它们不是两种事物，而是两种趋向。

生命一直在为获取自然界的材料不断努力，智能和本能是这些努力中生命的两种表现形式。生命的努力具有许多形式，通过这些形式，我们可以感受到智能和本能。简而言之，我们可以将智能和本能看作是生命努力的两种形式。作为两种心灵活动方式，智能和本能也可能是自然对无机材料的两种作用方式。这样理解智能和本能虽然有些狭隘，但至少它能帮助我们区分两者。然而，这样的理解方式也仅仅给出了智能与本能的分界线，只说明了它们始终会在这条分界线的上下徘徊。

这种图表式的描绘可以清晰地展现出智能和本能的轮廓，但实际上两者的轮廓并没有如此清晰，因为在分界线的两边还存在着一些过渡层，这些过渡层代表了它们之间的不明确性，象征着它们之间的相互渗透。然而，我们的描绘却恰恰使我们忽略了这些过渡层。

实际上，在朦胧的材料中是不必过分执着于清晰度的。淡化智能和本能的轮廓，不要用过浓的几何元素去描绘它们，舍弃图表的僵硬，让生命的灵活性取而代之，这样我们的理解工作才能更加顺利。

5

Section

智能与本能：一对性格迥异的“同胞兄弟”

智能和本能之间不具有承接关系，因此不能单纯地认为智能和本能是一高一低两种等级的功能。然而，在现实中，人们常常认为智能高于本能，并把本能看作是智能建立的基础。这显然是人们自身臆测的结果，它不能作为我们理解智能和本能的依据。

智能和本能最初是相互渗透的，它们同宗同源，是生命进化路线的两条分支，都保留着共同源头的某些元素。实际上，我们没有见过纯粹状态的智能，也没有见过纯粹状态的本能，两者总是相互依存，共同被我们发现并认识的。

智能和本能要如何区分呢？一个人看到一块瓦片从屋顶上掉了下来，恰巧另外一个人从屋檐下经过，于是，他本能地惊呼了一声“别掉头上”！如果“别掉头上”的信息展现的是这个人的本能，那么它的意思就是“不掉在头上，掉在肩上也是可行的”；相反，如果这一信息展现的是他的智能，那么它的意思就是“只要掉在身体以外的地方，能确保安全都是可行的”。

1. 人类与动物最大的区别在于智能

人类是何时出现在这个世界上的呢？比较客观的回答是，人类是在第一批武器或工具被制造出来时出现的。人类对石器的发现曾引起过激烈的争论，这个争论就是，那个被人类发现的具有奇怪形状的石块既可能是石斧一类的石器，也可能仅仅是一块碎裂的石块。如果那是一件真正的石斧，那么就说明人类确实发现了智能的出现。也可以说，通过这件石斧，人们就能证明在很早以前便出现了人类智能。

动物智能往往会给自然界增添无限的乐趣。一些模仿行为和形象联想行为可以被解释为智能行为，而除了这些行为外，还有一些行为也会被我们毫不犹豫地解释为智能行为。这些行为中最主要的是制造行为。动物若能制造出简单的工具，我们就会将它的行为看作是智能行为；动物若能简单使用人造工具，我们也会将其行为看作是智能行为。

人类拥有智能，这一点毋庸置疑。而就智能方面而言，人类之下还有猿类和大象，这些动物的智能程度也非常高，因为它们可以简单使用人造工具。在猿类和大象之下，狐狸的智能也不容小觑，因为它能识别人造物，并借此能力躲过猎人的陷阱。通过观察这些智能动物，我们可以简单给出一个判别是否具备智能的依据，即一切能进行推论的动物都是智能动物。或者说，是否能进行推论是动物是否具备智能的依据，若具备推论能力，则动物具备智能；若不具备推论能力，则动物不具备智能。

那么，推论又是什么呢？我们要如何来解释推论呢？其实，所谓推论就是用以往的经验对现在进行推测并给出结论。一定程度上来说，推论已经是发明的前奏或是发明的开始了。

动物的智能若指向发明，那么它也往往趋于指向理念。这种智能虽然不能制造和使用工具，但动物可能利用本能的变化做到这些事情。

制造工具是人类智能的一个基本特征，时至今日，人类依然专注于工具的制造和使用。人类在进化的过程中发明了许多工具，那些神奇的发明描绘出了人类向智能进化的方向。我们还不能完全理解这一点，因为改变工具很容易，而改变我们自己却很难。我们的个人习惯、社会习惯的持续时间要远长于这些习惯形成的时间。因此，一个发明要发挥影响力往往需要等到人们对它失去新奇性时才能实现。蒸汽机被发明出来的几个世纪后，我们才能感受到它给我们带来的冲击力。然而，它所引发的工业革命却早已打破了生产关系。

新思潮不断产生的同时，新感觉也在不断绽放。在人类历史的数千年里，我们只能遥望当前时代的大致轮廓，却常会忽略历史中的战争和革命。但是，我们提到蒸汽机及紧随其后的发明时，会像提及石器、青铜器一样将它描述为一个时代的标志。

倘若我们在界定人类时能摆脱身为人类的骄傲，同时能严格把握历史向我们表明的人类智能的稳定特征，那么我们就不会用“智人”而是用“匠人”来界定人类了。总之，从原始特征来看，智能就像是一种制造工具和无限变换工具的机能。

而反观那些不具有智能的动物，我们不禁要问：它们是否也拥有属于自己的工具呢？它们确实拥有属于自己的工具，只不过这里的工具与常规的工具有所不同。这些动物的工具就是它们的身体组织，利用这些身体组织，它们可以使用工具。动物似乎知道如何去使用工具，这就像是它们的一种本能。但我们不能凭借这一点就认为，本能是动物运用天生机制的一种能力。这种定义既不适合激发的本能，也不适合原发的本能。

然而，就像是我们对智能的暂时界定一样，这个定义至少可以划定本能的大致范围。我们常说本能只是器官工作的延续，但我们不知道本能活动开始于何处，又结束于哪里。许多昆虫要经历从幼虫变成蛹、再从蛹变成成虫的过程。这一过程中，幼虫往往需要根据自身的原始性做合适行为才能顺利发展为成虫。这显然就是一种本能。一定程度上来说，动物的本能与其器官的运作之间并没有一条明显的分界线。只要我们愿意便可以这样说：动物的本能对它准备使用的工具进行了器官化。也可以说，动物器官的工作在器官的本能中获得了延续。

昆虫最杰出的本能只是让它们的特殊结构获得发展，直至能够完成生存运动。社会对动物做出了劳动分工，因此才赋予了它们不同的本能。由此，我们可以观察到一些区别：蜜蜂、黄蜂等动物的外形结构非常相近，但它们的生活运动极为不同。这种同质异象是显而易见的。因此，如果我们只考察那些智能和本能的典型代表，我们就能发现两者的区别：完善的本能和智能虽然都是生物的根本机能，但前者主要用来使用和制造器官化工具，后者主要用来使用和制造非器官化工具。

本能活动和智能活动的利弊显而易见。本能的工具非常便利，它可以自行制造和修复，既能呈现出非常复杂的细节，又具备了极为简单的功能。只要生命有需要，本能的工具便会毫不犹豫地去完成自己的工作，其中不会出现任何困难，并且最终结果的完美程度往往令人惊叹。与此同时，这种工具的结构一般不会发生变动，因为它的改变就意味着物种的改变。由此可见，生命的本能是特化的，它只能用一个物种的工具来达到一个物种的目的。

相反，智能制造的工具并没有如此完善，并且只有在智能做出努力之后，才能制造出这种工具。在使用这种工具之时，生命常会陷入许多麻烦之中。这种工具的特点远非如此，作为一种由无机材料构成的工具，它可以采用任何形式，适用于任何目的。当然，它还能将生物从苦难中解救出来，或者解放生物的双手，让它们去做更有意义的事情。而最为重要的是，这种工具能给生物带来无限的力量，让它们去开创更为美好的明天。

或许，相比于天然工具，智能制造的工具在满足直接需求方面不尽如人意，但在需求不紧迫时它便能发挥出更多的优点。这种工具适应了制造者的本性，它反过来让制造者不断尝试各种繁杂的工作，不断尝试行使新的功能，在这样的影响下，制造者的器官结构变得越来越丰富、越来越复杂。

智能在满足了生物的多种需求后，又会相继为它们制造更多的新需求。因此，它开拓了动物的活动范围，给予动物越来越多的自由。然而，相对于本能，智能的这种优势只有在进化的后续阶段才能显露出来。起初，人造工具与自然工具各有利弊，没有分出高下，我们很难断言究竟哪一种工具更容易使生物驾驭自然。

最开始，智能和本能是相互渗透的，它们是由原始的心灵活动同时产生的。如果我们能充分地回顾过去，就能发现比昆虫本能更加智能的本能，也能发现比动物智能更加本能的智能。原始的智能和本能都是由材料控制的，它们还成不了材料的主人。

倘若生命拥有无限的力量，那么同一个生命就可能自由地同时发展本能和智能。但实际上生命的力量是有限的，它刚能表现出自己的能量便迅速消耗殆尽了。也就是说，生命不能向着多个方向发展，它必须进行取舍。

生命可以将器官变成工具，然后用这一工具直接影响自己的行动，也可以用无机材料做成工具，然后通过使用这些工具间接地影响自己的行动。前一种是本能制造的工具，后一种是智能制造的工具。在生命进化中，智能和本能虽然日益分离，但始终没有完全隔绝。

如果生物没有对本能和智能进行选择，那么昆虫的本能中也会含有智能的痕迹。例如，蜜蜂在特殊环境中筑巢时会巧妙地制造出一些新的、极具智能的蜂巢结构，从而使群体更加适应新环境。实际上，智能对本能的依赖要比本能对智能的依赖要多得多。因为要利用粗糙材料设计出坚固的蜂巢结构更依赖于高级程度的器官化工具。而这种工具往往是本能才能提供的。

大自然让节肢动物向着本能的方向发展，让脊椎动物朝着智能的方向发展。但脊椎动物只是在奋力争取智能，它们心灵活动的基础仍然是本能，或者说它们的智能尚不足以发明工具，但也做了许多类似的尝试。

在智能方向的进化中，人类无疑是最成功的。人类虽然无法用本能来抵御寒冷和饥饿，却能用智能来获得温暖和食物。这恰恰能证明人类在智能方面的成功。智能和本能是自然选择的两种心灵活动方式，它们可以用以解决同一个问题，但对不同的生物来说，解决问题的效果是不同的。

2.智能指向意识，本能瞄准无意识

本能和智能的内部结构差异明显，而我们现在所讨论的是与我们的话题有关的差异。我们完全可以将智能和本能看作是两类不同的知识。在这里，它们同时也涉及意识这一概念。

本能中是否含有意识呢？实际上，有时本能中是有些许意识的，在另外一些时候它又是没有意识的。

显然，植物具有本能，但是植物的本能中不会伴随感觉。即使是动物的本能运动中也几乎不会含有意识。但是，植物本能的无意识和动物本能的无意识是存在区别的，前者是指本能中不存在意识，后者是指本能的意识被取消了。如果将这两种无意识都等价于零，那么植物本能的无意识指的是“没有”这一事实，而动物本能的无意识指的是正负数的相互抵消。一块石头从高处坠落，但它完全感觉不到自己的下落，这种无意识就是植物本能的无意识。人在梦游时做出的动作是无意识的，但是这种情况下的无意识是受到某些东西的阻碍或限制才表现出来的。或者说，人的意识在被抵消掉后才会表现出无意识。

当然，我们还可以用另一种方式来描述人在梦游中的无意识，即人行动的执行阻碍了行动的表现。如果我们的行动受到阻碍，我们的意识就会重新出现。意识原来是存在的，但是现在被现实行动抵消了。

进一步考察，就能发现，意识始终围绕着我们可能展开的行动，而这些可能展开的行动又围绕着生物实际做出的行动。意识意味着踌躇，也意味着选择。每当能够指出许多可能展开的行动、但没有实际进行的行动时，意识将会无比强烈。每当将正在进行的行动看作是唯一可能的行动时，意识就会被消减为零。

如果一系列规则运动的最后一项运动早已在第一项运动中被预示出来，或者每当意识受到阻碍时就会从运动中闪现出来，那么意识便是存在的。按照这个观点，我们完全可以对生物的意识进行以下定义：生物的意识指的是潜在活动和实际活动之间的距离。举例来说，假如我现在想要表现自己，这种表现的方式有很多种，但我始终没有采取行动，于是，我便会处于自我意识之中。但如果我自动选择了一种表现方式并采取了行动，那么我就会持续在自动的行动中，而陷入一种无意识的状态。

由此可见，智能通常会指向意识，而本能往往会瞄准无意识。如果自然把我们准备使用的工具全部器官化，那么我们在这里所能确定的东西有两点：第一，工具的材料必定是有自然造就的；第二，工具被器官化的结果也必定符合自然意志。在这里，我们的意识便没有了选择的余地。

表现的意识不管何时想要做出行动而倾向于自行解放，它都会被抵消。

意识出现的地方，本能不会被照亮；只有本能表现出不足，或受到障碍的影响时，意识才会出现。这便是行动与意念的差距。因此，意识其实只是一种偶然。

意识本质上只强调本能的起点，这个起点能够释放出一系列自动运动。当本能不足时，智能才能显现。在自然条件的限制下进行艰辛的劳作，这是智能产生的唯一要素。智能就是为困难而生的东西，只有在面对种种困难时，它才能发挥原始的功能，去制造非器官化的工具。因为在困难面前，智能必须要选择自己工作的时间、地点、方式和材料。在这些选择中，意识便能轻易显现。

智能从来都不会完全自我满足，因为它的满足总会伴随着新需求的产生。如果智能和本能都与知识相联系，那么本能中的知识是被自动执行的，它始终处于一种无意识的状态；而智能中的知识是被思考的，它始终处于一种有意识的状态。这两种状态下的知识没有类型上的区别，只有程度上的区别。若我们只关心意识，便无法看到智能和本能的真正差异了。

为了理解智能和本能的真正差异，我们不能从表面的意识着手，而应从两个具有明显差异的对象着手。

马蝇为了繁殖会将自己的卵产在马背上，马儿在舔舐自己的身体时会将这些马蝇卵带入胃里，这样一来，马蝇卵就能在马的消化系统里安稳发育了。当马蝇在马背上产卵的那一刻，仿佛就已经知道会发生后面的过程。毒蜂在叮咬昆虫时会瞄准它们的神经中枢，这样做只是让昆虫麻痹，而不是真正杀死它们。这种高超的操作只有身兼昆虫学家和外科医生的双重身份才能做到。

另外，还有一种有趣的小甲虫，它的行为更令人吃惊。这种小甲虫会将自己的卵产在毛花蜂洞穴的入口，这样做当然是有目的的。每当毛花蜂飞出洞穴时，甲虫已孵化的幼虫就会附着在它们的身体上，接着，瞄准雄峰与雌蜂交配的时机，再攀附在雌蜂身上，等到雌蜂产卵时，甲虫的幼虫就会以蜂卵为食。只需短短几天时间，幼虫就能将蜂卵全部吃掉，然后在卵壳中进行第一次变形。第一次变形完成后，甲虫幼虫的器官基本都能发育成形，接着它们会以浸入卵壳的蜂蜜为食，先变成蛹，再变成一只真正的甲虫。这一切无比神奇，仿佛甲虫的幼虫早就知道后来所要发生的事情，所以才会攀附在雄蜂身上一样。又仿佛是甲虫早就知道自己幼虫后来要经历的一切，所以才将卵产在毛花蜂的洞穴口一样。

这里的繁殖知识其实都是昆虫固有的。这种繁殖知识反映在昆虫的实际行动之中，而不是反映在它们的内在意识之中。昆虫的行为发展出了一种意念，这种意念就是在某一特定时空中正在产生某些确定的事物，而昆虫不用学习就能知道它们。

由此观点出发去考察智能，我们很容易发现：智能在不用学习的情况下也能知道一些事情。但是，这里所涉及的两种知识是不同的。我们将讨论限制在同一个观点上，即动物无法了解自己的幼崽会迅速懂得一些知识。站在这个意义上，智能与本能一样，它既是动物的一种固有功能，也是动物的一种先天功能。

尽管智能也是一种知道或了解事物的机能，但是它无法事先知道特定的对象。新生儿在第一次进食母乳时，他会自发地寻找到母亲的乳房，从这个例子可以看出，新生儿在进入这个世界时就知道一种从未见过的事物。而新生儿的这种知识是无意识中就有的，它属于一种先天的知识。很明显，新生儿是出于本能才会具备这种知识，也就是说这种知识属于新生儿的本能，而与他的智能无关。

拥有智能并不意味着拥有对所有对象的先天知识，但如果智能对天性之外的知识也毫不知晓，那么它便不存在先天性了。假设智能对所有对象一无所知，那么它还能知道什么呢？我们依然能给出答案，即智能可以知道对象之间的关系。初生的婴儿对周围的事物一无所知，他既不知道存在某个确定事物，也不知道任何事物的属性，但是过不了多久，他就能通过别人对一些事物的称呼，知道那些名称的意义。因此，我们很容易便能理解名称和事物之间的关系。同样，当他人用动词来表示一种关系时，我们的大脑也能迅速做出反应，不用别人过多的解释，我们就能理解那个动词的意义。

智能是否对各种特定的关系都有所了解呢？它是否天生就拥有这些关系的知识呢？揭示某些关系是否可被消减，或是否能被融入普遍关系之中，这些都不是我们的工作，而是逻辑学家的工作。我们不管如何分析我们的思维，这一工作都会结束于某些普遍范畴，人的大脑具有此类范畴的先天知识，并能自然地利用它们。由此可见，无论智能和本能的先天知识是什么，它们首先都是关于事物或对象的知识，其次才是关于事物关系或对象关系的知识。

3. 本能认知材料，智能认知形式

构成知识的材料和材料的形式是两种不同的概念，哲学家们已经对这两种概念进行了区分。材料是一种初级的东西，通过我们的知觉机能便能从外部世界获取这些东西。形式是比材料更为高级的东西，它是材料的再加工，是一种能构成系统的知识。在材料之间建立起种种关系，这些关系的整体就是形式。将杂乱无章的材料分门别类，建立起关系，最终形成一种完整的系统。这个系统便是知识，而材料之间所建立的整套关系也是知识。

形式也能作为知识的对象，我们占有这种知识就像是占有我们的习惯。

占有知识是一种指向，这比将它说成是一种状态更加贴切。当然，如果我们愿意，也可以将它说成是大脑注意力的某种天然偏向。

一位老师为一个小学生出一道分数题，具体的做法是，老师报出一个分数，然后学生把听到的内容写在纸上。在听到老师所报内容之前，小学生就已经在纸上画出了一条线，尽管他还不知道分子和分母是什么数字。在这里，小学生虽然不知道分数的具体材料是什么，但他已经给出了分数的形式。因为老师曾经教过他，每一个分数中间都有一条分数线，这也是分数的基本形式。当我们把经验注入先于经验存在的那些范畴时，情况亦是如此。

根据这样的理解，我们可以用形式和材料的术语来界定智能和本能，即先天智能是对形式的知识，先天本能是对材料的知识。

从知识的观点来看，生命固有的力量是有限的。起初，生命的两种认知方式共同存在，它们相互区别、相互渗透，又分别向着两个方向发展。第一种认知方式可以直接把握那些确定的、具体的对象，它在描述它所了解的东西时会这样说："它就是它"。第二种认知方式不会直接把握那些确定的、具体的对象，它是一种将这些对象联系在一起的力量。这种力量会根据前提给出结论，根据已知求出未知，它在描述所了解的东西时会这样说："如果条件是这样，那么它就是结论。"

第一种认知方式所了解的知识是本能的知识，一般是以"范畴"的命题表述，第二种认知所了解的知识是智能的知识，一般是以假定的方式表述。这两种知识中，第一种知识看上去更加适合于被我们应用。这种知识可以拓展到无数对象之上，但实际上它只适用于一个确定的对象，或者只适用于这一对象的局部。它非常熟悉眼前的这个确定对象，它处于已经完成的运动之中，只会被这种运动暗示出来，而绝不会处于这种运动之外。

相反，智能只能具备一种外部的知识，它的优点在于能为无数对象制定一个可以轮流栖身的框架。它就像是生命发展的力量，由于本身的能量有限，所以不得不在知识的两种限制中任选其一。这两种限制分别适用于知识范围的扩展和知识强度的提高。在第一种情况中，知识的范围很广，知识的数量尤为充盈，但它只限定在一个确定对象上。在第二种情况中，知识没有对象的限制，因为它不包含任何材料，确切地说，它只是一种形式。

最初，这两种趋向相互渗透，在后来的发展中，它们又逐渐分离。最终它们寻找到了各自的机会，摇身一变，成为我们津津乐道的本能和智能。

智能和本能是知识的两种截然不同的样式。这是一种从知识的角度来界定它们的方式。从行动的角度来界定它们远没有以这种方式来的明确。当然，我们还可以用该定义的一种新形式来定义智能和本能，即所谓智能和本能只是生物同一种机能的两个方面。

如果本能是生物使用器官化工具的天然机能，那么它必定与以下两种先天知识有关：第一种关于器官化工具的先天知识，第二种是关于器官作用对象的先天知识。而不管它与哪种先天知识有关，都可以说本能是对某些确定对象的先天知识。

与之相反，智能是制造非器官化工具的天然机能。如果大自然只顾及自身的利益，而不在乎生物的利益，那么她就不会赋予生物智能并让生物利用智能给自身制造服务工具了。这样所导致的结果也必定与事实大相径庭，生物在失去智能所造的工具后，一定会根据环境来改变自己的身体结构，从而创造出器官化的工具。也就是说，生物只会向着本能发展，而与智能则越来越远。

智能的基本功能是什么呢？当人们在生活中遇到困难时，他们总是想方设法寻找克服困难的方法；当他们在环境中遇到各种各样的问题时，他们又总是尽可能地去寻找最合适的答案。这些过程无不体现出人类的智能。

因此，智能的基本功能就是帮我们寻找克服困难的方法和解决问题的答案。

从根本上来说，智能指向的是一种关系，这种关系不是别的，而是环境与利用环境的方法之间的关系。因此，智能先天具有建立关系的趋向。拥有这种趋向就意味着具有一些普遍关系的先天知识。智能活动会将一种材质分成一些关系，这种活动只要被指向制造，它所涉及的知识必然会被指向关系。与本能知识相比，智能知识具有更大的优越性，因为智能知识的形式是空的，它可以轮流作为任何对象的位置，也可以不填入任何东西。这种形式的知识是为了实际用途才得以出现，但是它本身不一定是实用的东西。每一个智能生物都拥有超越自身天性的手段，只有在智能生物需要服务的时候，这种手段才能表现出来。

然而，智能生物虽然对超越天性存有较大的希望，但是它对自身的超越往往达不到预期的高度。智能本身的特性使它失去了确定对象的能力，而本能虽然可以确定自己的对象，但无法寻找自己的对象。智能可以进行思辨，而本能却不能进行这样的活动。这就是智能和本能的区别，为此我们总结出一个公式：智能只能寻找某些东西，但它永远无法找到它们；本能能够找到这些东西，但从来不会去寻找它们。

4. 行动源自思维的世界

智能既能建立关系，又能帮助我们确定关系的性质，这是智能的基本功能。若我们只把智能视为一种思辨机能，那么我们所阐述的它与本能的区别要么是模糊的，要么是武断的。因此，我们将缩小范围，以一些普遍框架为例。

我们在认识一些绝对的、不变的和无法解释的东西时会充分利用我们的智能。我们的理解能力是天生具备的，就像我们天生具备手脚等身体器官一样。我们理解力的形式可能是确定的，但我们不能追问也无法回答它为何会这样。于是，我们便认为，智能的基本功能是使事物实现统一，智能活动的目的是为各种现象引进统一性。但是，我们首先需要指出的是：统一是个模糊的概念，它没有“关系”“思想”等清晰概念，也没有这些概念富有意义。其次，我们还可以提出疑问：智能的基本功能是否是分割事物，而不是结合事物呢？如果智能是出于希望而结合，那么它的基本功能便是结合事物；如果智能是出于需要才结合，那么知识便成了为满足思维需要而存在的东西，而这种意义与知识的真实意义是截然不同的，智能建立的基础不同，智能的知识也必然不同。

当智能变得不再依赖其他一切的时候，其他一切却开始纷纷依赖智能了。我们如果过分抬高自身的理解力，就会过分贬低理解力给我们提供的知识。若将智能看作是绝对的，那么知识就是相对的。然而，事实却与之相反，我们常会认为智能总是对应于行动的需要。

人们在需要某种行动时，往往会事先假定某些行动，而其中自然也包含智能的真正形式。智能的真正形式不能改变，也无法解释，它并不独立，知识也不能依靠它。一定程度上来说，知识不是智能的产物，而是现实的组成部分。

哲学家说：“行动源自一个有序的世界。”在这里，有序指的便是思维，所以，这句话也可以这样表述：“行动源自思维的世界。”用行动来解释智能就意味着在行动之前就假定了智能的存在。

我们现在探究的是：智能指向的材料世界在现实世界中所占的比例。我们只需采用常识观点，而无须引入哲学体系就能回答这个问题。

我们假设智能的目的是用无机材料进行建造。因此，如果智能不得不用有机材料进行构造，它一定会用处理无机材料的方式来处理有机材料。

在这个过程中，智能将不会考虑生命的影响。用无机材料进行建造，真正使用和处理的是那些固体材料，而其余具有流动性的材料则不在建造的范围内。因此，如果智能的目的在于建造，那么世界上一切流动的材料都不会是智能的建造材料，相应地，一切富有生命的东西也必定不在其建造范围内。原因在于，富有生命的东西必然也是流动的东西，至少它们会具有一定的流动性。智能若能摆脱自然的控制，那么所有的固体无机材料就会成为它用来建造的最主要对象。

从智能种种功能上看，智能绝不会安逸和满足，除非它正在使用固体无机材料。空间扩展性是材料世界的普遍特征，这种特性能为我们提供对象之外的对象，提供对象局部之外的局部。我们以智能来看待那些对象时，可以将每一个对象都看作是可被任意分割的，在任意分割完一个对象后，它被分割出来的部分可以继续被任意分割为更小的部分，然后按照这样的方式继续分割下去直至无穷。这种操作对我们的用处极大。但是，为了便于我们当前的操作，我们必须将眼前的对象或对象已被分解出来的元素暂时看作是最终对象，同时将这些对象或元素看作是一个个单元。

要使材料的扩展性具备连续性特征，就需要尽可能地将材料分解成更多的部分。这种连续性正是我们的能力，我们可以利用这种能力在材料中选择那些非连续样式。我们一旦选择了这种样式，就会将它看作是实际样式，这种实际样式拥有非同寻常的吸引力，因为它可以规范我们的行动。由于非连续性只能思考自身，所以它只能为自己考虑。那些非连续性的概念都是通过我们的思维活动产生的。如果智能不能进行连续性的表现，那么这只是大脑在未获得分解系统的情况下没有将其看作是唯一的表现罢了。智能之所以能形成清晰的概念，是因为它依靠了非连续性。

若我们行动的作用对象是可移动对象，我们必须懂得这个可移动对象的移动方向和在各个移动瞬间的所在位置。换而言之，我们往往只对那些对象的起点位置或终点位置感兴趣，而很少去关心它们移动位置的过程。这里所说的移动过程指的就是运动。也就是说，我们脑袋往往只关心运动的目的、意义和计划，却很少去关心真正的运动过程。只有在对象受到偶然因素影响后改变了运动状态，并呈现出加速、延缓或停止时，我们才会对运动中的对象感兴趣。

智能若不能从运动性中获得什么，它就会离开运动性。运动是绝对的，静止是相对的，如果智能的功能是构成理论，那么它就能在永不停息的运动中找到自己的位置。但是，智能的作用与此不同，智能总喜欢采取截然相反的进程，它总是从静止出发，就像是静止才是世界的真实。智能想要对运动形成概念时，它一定会将静止的东西作为前提材料，然后再用它们来构成运动的概念。

在思辨领域，这种运作是不合逻辑且危险的。而如果将它与恰当的目标相联系，证明它的正确性便不再是难事。天然智能只针对现实中的有用目的，它将聚集的静止当作运动的代替品，但它自身并不认为这样做是在重构运动。实际上，智能只是用一种等价物代替了运动而已。

智能凭借天然本性去热爱那些稳定不变的事物，它只能对静止的东西产生清晰的概念。因此，智能的制造一定程度上来说就是从自然材料中切割出符合条件的对象，重要的是，切割出的对象所具有的形式。我们会选择那些最容易得到的材料进行制造，但是我们经过种种尝试才能从众多的材料中选出那些我们需要的材料。用于制造的智能既不会只盯着一种材料的形式不放，也不会将现有的材料形式看作是它最终的形式。相反，它会不断尝试利用所有材料，会将所有材料都看作是能被切割的。

优秀的辩证家就像是技艺高超的庖厨，高明的庖厨在宰杀牛羊时会始终沿着它们的自然结构着手，他在不破坏动物骨骼的情况下就能完美剔除它们的筋肉。智能一贯如此行事，所以智能是指向思辨的智能。但是，制

造行动的趋向则有可能与之相反。它命令我们将所有物体的形式都看作是人工的形式，它让我们思想舍弃对象的外部轮廓，总之，它让我们将对象的材料和形式看作不同的东西。

材料在我们的思想中就像是一块巨大的布料，我们可以随意裁减它，也可以按照自己的设计将它们缝合在一起。当我们说存在一个同质性的可无限分割的“空间”的时候，就是在证明我们确实存在一种随意分割和缝合“布料”的力量。我们所说的这种空间绝不会被观察到，因为它只能被想象出来。

由此可见，智能的特征就是它可以随意按照任何规则去分解材料，同时又能将分解后的材料重新组合为某种系统。也就是说，智能是一种分割和组合材料的无穷力量。

5. 智能的第一任务是制造工具

如果人类的智能指向的是制造，那么这种智能必然与其他智能也相互联系。很难想象，一个社会中的成员不依靠符号来交流。昆虫社会存在着一种语言，这种语言与人类的语言相似，两者都适合于群体生活的需要。群体要保持行动一致往往需要借助于语言。然而，蚂蚁群体所要求的行动一致与人类群体所要求的行动一致是不同的。

同质异形现象是昆虫社会存在的普遍现象，它们分别天然地进行着劳动分工，个体的结构不同，其功能也会不同，也即个体的功能是由其结构决定的。昆虫社会始终建立在本能的基础之上，不管情况如何改变都始终如此。因此，昆虫社会的建立或多或少都会依赖器官的行动或器官的制造活动。举例来说，如果蚂蚁通过语言来交流，那么它们语言的符号数量必定十分有限。在蚂蚁的这个物种形成时，其语言的每一个符号都必定联系着一个对象或操作。也就是说，它们的语言符号与其表达的事物是紧密相连的。

相反，人类社会的制造活动繁多，行动的形式也很丰富，他们在行动的同时还要不断学习自己的行动，因为他们的身体结构不足以使他们事先就从事一些特定行动。正是由于这些原因，人类才需要一种可以不断从已经知道的事物过渡到未知事物的特殊语言。这种特殊语言的符号数量是无限的，因此其语言符号可以不断向外扩展，以致延伸到无穷的事物之上。这种语言符号的神奇之处在于，它可以任意在不同的对象之间转移，而这也正是人类语言的最大特点。从幼儿的语言中，我们很容易观察到这种情况。幼儿在学会一个单词之后，他会自然地将这一单词的意义拓展到另外的对象之上。也许这一单词的意义只是偶然地与其他对象有所关联，但通过一种遥远的类比，幼儿总能将两者联系起来。在这个过程中，他会将学到的单词与原先的对象分离，然后拓展到另外的对象之上。而这一另外的事物可能只是幼儿偶然从大人那里听到的某个对象。

对于幼儿来说，他们的语言符号可以指代任何东西。这种机能并非概括的机能，但常常会被错误地与概括的机能相混淆。动物们似乎总是在进行着概括行动，它们的符号总是有意无意地标示着一个类别。但是人类的语言特点不在于概括性，而在于运动性。如果说本能的符号具有固定性，那么智能的符号则具有运动性。

因此，人类语言中的单词往往是具有运动性的，这种特性能使单词从一个对象转移到另一个对象上，或者能从一些事物扩展到一个概念上。语言不能将一种反射机能赋予智能，因为语言的机能是完全外化的、不可返回的，它绝不可能是一种反射机能。一种反射的智能不仅要具备实用的努力，还要具备可被消耗的充足能量，它必须在虚拟世界中战胜自身的意识，然后将虚拟的东西变成现实的东西。如果世界上没有语言，那么智能有可能永远被固定在意识之中，或者永远被固定在它所感兴趣的对象之上。没有语言的世界，智能始终都在梦游，它沉迷于自己的工作，而忘记了其他的一切，包括忘记它自己。

语言在解放智能上发挥了重要贡献，其所表现出的作用是巨大的。单词可以描绘概念，利用它可以从一个对象转移到另一个对象上。因此，语言可以向智能揭示人类完整的内心世界，同时也能展示出智能沉思的事情，也就是说，智能能够通过语言向外展示个体的内心世界。智能需要有展示内心世界的机会，语言就为它提供了这个机会。作为一种外在的东西，单词能被智能牢固地把握起来。不仅如此，智能还能借助工具来把握一些非现实的东西，同时借助这种东西进入自己的工作深处。

智能的第一个任务是制造工具。但是，并不是所有工具都能被智能制造出来，只有那些允许智能开展工作的工具才是智能乐于制造的。智能是一个制造者，它反映着自身的活动，就像是一种普遍的表现机能。智能希望将概念赋予所有对象，包括那些与实际行动没有直接关系的对象。世界上有许多东西是我们难以寻求的，其中就有一些东西是必须通过智能才能获得的。智能不害怕理论带来的麻烦，而它自身的理论则可以包括一切，不仅包括无机材料，还包括生命和思维。

我们很容易能猜到智能是依靠何种方法与工具去解决种种困难的。智能的形成是有目的的，最开始它是为了适应不同材料形式才逐渐发展形成的。我们的语言可以使智能变得活跃，或者使它真正操作起来。最初的语言只是指代一些物体，它们是为了给物体命名才产生的。词汇是运动的，它们不是一成不变的，智能早晚都会寻求它们的帮助。

当智能获得语言的帮助后，它便开始发生转移，它不再停留在任何物体上，因为语言已经开始用于描述非物体的对象。尽管智能曾经拥有一些属于自己的操纵对象，但它现在已经不再操纵它们。虽然智能发生了一些变化，但它始终按照原来形成的习惯行事。在这些行动中，智能采用的形式就是它对无机材料采用的形式。这些行动不仅是智能善于做的事情，也是它做起来感到满足的事情。

智能要清晰地考虑自身，就需要以非连续的方式来观察自己。空间里的物体之间是彼此外在的，而概念同样也是彼此外在的。概念与形成概念的物体具有相同的性质，即它们都具有静止性。所有概念聚集在一起就构成了一个清晰的世界，这个世界是可被理解的。这个世界与固体世界非常相似，只是其中的元素更轻、更透明，也更容易被智能使用。这些元素不是物体的概念，而是智能行动的表现。概念不是所谓的形象，而是一些象征符号，这些象征符号是通过观察那些固体对象得到的，它们之间的规则也只是固体对象之间的种种联系而已。

人类的几何学研究的是各种实体对象的固体性，而人类的逻辑学研究的是这些对象之间的关系或规则。因此，几何学和逻辑学是相互引发的。逻辑学其实是从几何学延伸出来的学科，固体对象的那些普遍特征暗示了自然几何学，从自然几何学的逻辑出发，又产生了更加科学的几何学。几何学的演变不断延伸着固体对象外部特征的相关知识。几何学和逻辑学都能运用于材料，它们可以自由地在材料上驰骋和前进。

然而，在材料之外又要靠什么来支撑呢？我们还有常识来替我们监督那些推理，显然，常识与单纯的推理是完全不同的。智能的力量是一种趋向于将材料变成行动工具的力量，或者说，智能的力量是将材料变成器官的一种力量。

生命造就了有机体，但是生命从来不满足这样的成就，它还喜欢去利用无机材料。生命一边造就有机体，一边将无机材料附加在有机体之上，通过生命自身的努力劳动，无机材料变成了一种巨大的外在器官。这就是

生命分配给智能的工作。因此，我们的智能活动才会沉迷于思考静止的材料。智能喜欢向外观望，它致力于将自己放在生命之外，总是采用无机材料的方式对实际行动进行指导。正是因为这个原因，智能在面对生命体和有机体时才会不知所措。智能会将有机体分解成无机体，这是它能做的事情。智能是有机体的产物，它这样做显然是违逆了自己的天性，但如果智能不这样做，它就无法思考连续性、运动性和相互渗透性了，同时也就无法思考进化的创造性了。

6. 智能起源的秘密

智能是从哪里开始的？这是一个值得深思的问题。对于这个问题，我们从心理学开始讨论。我认为从动物身上去追寻智能的发展是不能解决我们当前提出的问题的。通过比较心理学的知识，我们很容易了解这样的事实，即越是具有智能的动物就越能利用物体，同时也越接近人类。

动物的许多行动都采取了人类行动的路线，它们在材料世界中常常会向着与人类相同的方向前进。动物习惯于依靠那些拥有相同关系的对象，它们的智能虽然还没有形成严格的概念，但智能的运作已经具备了概念的意味。

动物时刻专注于自己正在进行的行动，同时也专注于它们自己的态度。它们会被自己的行动和态度引向外部世界，实现自我外化。因此，与其说动物具有意念，不如说它们无时无刻不在表演意念。在动物身上，不存在思考意念的事情。从主要方面来看，动物对智能的表演同样对应着人类智能的设计过程。因此，在解释人类智能时运用动物智能的相关内容似乎是合适的，而这样的解释过程主要依赖于我们对人类发育过程的追踪。

在一些宇宙起源论里，一些哲学家将智能视作材料，或者将它看作是一种理所当然的东西。我们知道，材料都是遵循规律的，对象之间、事实之间都由某些关系联系着。这些规律和关系在我们的意识上打上烙印，于是，我们的意识便采用了普遍的配置来组织自身结构，最终形成了神奇的智能。但是，如果我们能坦诚承认事实，我们便能认识到智能是被假定的。有一个先验前提是我们需要明确的，即说一个实体是具体存在的，不一定只有在我们能触及这一实体时才会这样来说，只要我们能观察到这个实体所能影响的东西，我们依然可以认定它的存在。一个实体的引力可能影响到太阳、行星，甚至是整个宇宙。当我们感受到这种影响时，我们就会说这个实体是存在的。

随着物理学的发展，实体的个体性越来越不明显，因为一切都是相互联系的，一切都似乎不可能完全独立。不管是可见的实体还是那些不可见的微粒子，它们都具有一种神奇的趋向，即呈现出普遍的相互作用。我们感觉到的往往不是物体本身的计划，而是强加于物体的行动的计划。我们观察到的物体轮廓，只是标志着一些可被人类获取和改变的东西。我们在自然材料上看到的那些美丽线条，总是被我们看作是一些移动的路线。也就是说，作为人类，我们一直在用自己的意识赋予无机材料以各种行动的尺度和比例。

而那些具有不同计划的动物也有可能按照相同的意识脉络去切割材料，这是完全值得怀疑的。动物与人类是存在区别的，对于它们来说，用思维将一块完整的材料切割成许多实体是毫无必要的，它们只需要根据本能行事，不用去观察自然界的各种对象，而只需区分出各种对象的特征便可以了。相反，智能一直在朝着获取材料的方向发展，它需要根据各种材料做出行动，甚至直接用获取的材料制造工具。

如果我们能根据材料的特点将它们划分为消极部分和积极部分，或者

只简单地划分为一些明确片段，这其实也是我们智能地看待材料的视角。智能在分割材料时需要将材料散布在空间里，这些材料的形式是连续的，它们本身具有空间扩展性，但是它们的组成部分却始终处于相互渗透、相互包容的状态。

因此，大脑形成智能的运动会使材料自行分割为相互独立的对象。意识的智能化会随着材料的空间化逐渐加深。进化论为我们设想出了一种材料，它是一种分布在空间中的按照我们行动的轮廓切割出来的材料。这其实就表明，进化论哲学事先就已经假定智能的存在，然后才宣称自己能证明智能的起源。

先推导出思维的范围，然后才去从事思维的工作，这样这种工作就会更精细、更自觉。这就是进化论哲学的基本原则。先形而上学地将智能压缩到最精华的部分，然后再用一个简单的可视为乌有的原则紧紧抓住智能，最后从这种原则中引出那些事先放入其中的虚拟的东西。这或许就是进化论的工作原理。以这种工作为基础，我们就能去证明智能是天生存在的，或者去给智能下定义，或者提炼出一个智能公式。但是，无论如何，我们都无法通过这种方法说清智能的起源。

费希特将人的思维看作是一种集中的状态，其特点在于这种状态可以延伸到现实之中。相反，斯宾塞却从外部现实出发，然后再将那些现实凝聚成智能。这两种观点的相同之处在于，两者都把智能看作是既定的东西；不管智能是浓缩的还是延伸的，也不管智能是直接呈现的还是被间接观察到的。

大多数哲学家之所以都坚持这一观点，是因为一个事实。这个事实就是：大多数哲学家都承认自然具有整一性，并认为这种整一性是可以用抽象的集合形式去描述的。他们始终认为有机体和无机体之间具有种种联系，它们是一个统一的整体。他们既看不到也不愿意看到这个整体出现任何裂缝。

有些人认为生命是从无机体开始的，正是无机体与有机体的巧妙结合才构成了生命。另一些人则认为生命会逐渐衰弱并变成材料。对这两类人来说，自然中只存在程度上的差别。第一种假定表明自然中只存在复杂程度的差别，第二种假定表明自然中只存在强度的差别。若我们承认这些原则，我们的智能就会变得非常广阔。不管物体中的几何性是什么，它都能被智能所把握，如果这种几何性与其他事物相联系，那么其他事物也必定能被我们的智能所把握。

从思辨的意义上来说，世界上存在着两种不同的信念，它们相互联系，又相互补充。第一种信念是自然是整一的，第二种信念是整一的自然能够被智能所把握。正是因为这个原因，我们的认知功能才被人为的假定成与整体经验一起成长的。也正是由于这个假定，我们才不会对智能的起源提起疑问。智能已经被给定，我们只需运用它即可，不用再去为它的起源而烦恼。对不同的人来说，智能所能把握的东西是不一样的。有些人认为智能可以把握一切现实，而另一些人则认为智能只能把握虚拟的幻象。然而，无论智能把握的是现实还是幻象，它所把握的东西全都是可获得的东西。

7. 用实际行动打破智能的“怪圈”

我们所说的人类智能不是虚幻的智能，它的功能不是观看一逝而过的影子，也不是独自冥思耀眼的阳光，它还有许多其他事情能做。

人类就像是套上轭的黄牛，我们一直被重物束缚着，在喘息之间，只能感觉到肌肉和关节的活动、铁犁的沉重以及土壤的阻力。当我们做出行动的时候，我们才意识到自己正在行动。我们生活在现实之中，在不断接触现实的同时，只能在自己的工作范围内生活。我们的生活仅仅关系到那条沉重铁犁下的犁沟，人类智能的功能仅此而已。

然而，我们将智能的力量倾注于生活与劳作之中，也会沐浴在一种神奇的流体之中，这种流体益处多多，足够给我们带来快乐。这种流体不是别的，它是生命的海洋。我们沉浸在生命的海洋之中，贪婪地汲取着一些东西，并因此感到我们的存在是在局部的集中里形成的。

哲学是将局部融入整体的一种努力，它的原则中融入了智能，因而它就能以一种全新的方式生存在自己的起源之处。哲学的任务不是一个一蹴而就的任务，而是一个需要逐步完成的任务。要完成这项任务，就需要使人们的各种印象相互交流。当这些印象相互连接，最终汇聚在一起的时候，我们的人性便能得到扩展，甚至是超越人性。

然而，连接印象的方法也会使我们产生一种与之对抗的思维习惯。或者说，它会使我们产生一种恶性循环的思想。因此，一些质疑者就可能向我们提出这样的问题：只是宣布超越智能难道不是徒劳的吗？如果人们不依靠智能又如何能去超越它呢？我们意识中所呈现出的清晰的一切难道不属于智能吗？我们不正是存在于我们的思想之中吗？既然如此，我们又如何能够摆脱我们的思想呢？

我们可以认为智能是不断发展的，因为凭借智能，我们可以看清越来越多的事物，同时也能将事物看得越来越清晰。但是，我们却不能谈及生成智能，因为这样的谈论必须依靠我们的智能。

这种相反的观点会在我们的头脑中自动出现。相同的推理向我们证明，智能不会获得新习惯，它的推理只局限在一个已知的圈子里，只有实际行动才能打破这个圈子。如果我们从没有看到过别人游泳，就会习惯地认为游泳是人类不能做到的事情。在我们学习游泳时必须让自己浮在水面上，同时还要知道如何摆动四肢去游泳。事实上，我们的推理总是会将我们固定在一个坚实的基础上。然而，只需我们勇敢一点，在心理上战胜对水的恐惧，这样一来，也许只凭借简单的挣扎，我们就能顺利地浮在水面上，并且逐渐地适应水里的环境。如此，我们也就能顺利地习得游泳这一技能。

理论上来说，要了解事物就必须依靠智能，不依靠智能去了解事物是不可能的，更是荒谬的。但是，如果我们能坦率地承担这种风险，我们的行动便可能帮助我们斩断推理中的死结。

我们推理时采用的视角越多，我们所承担的风险便会越小。虽然智能与现实已经自动分离，但是它们始终没有彻底地分开。概念性思维的周围还存在着一些不分明的边缘，这些边缘与它的源头有关。

智能就像一个凝缩而成的固体核子，在这种核子的周围存在一些流动体，而核子与流动体之间并没有太大的区别。因为两者是用相同的材料构成的，核子的局部也能融入流动体之中。学习游泳的人开始只知道固体地面上存在阻力，他不知道水中同样也存在阻力。而只有战胜了新环境中的阻力，他才能真正学会游泳这项技能。在水中游泳，游泳者必须把握水流的固体性，这样他才能更好地利用它的流动性。若我们的思维进行类似“跳水”的那种运动时，也需要按照这样的原则行事。

但是，如果我们要完成思维的跳跃，就必须先离开我们原有的环境。理性在进行推理时会利用其自身的种种力量，这种力量绝不会在推理过程中成功扩展，因为这种扩展一旦实现就会显得合情合理。步行的形式多样，但从步行这一运动中绝不会形成一条游泳的规则。事实上，当你真正学会游泳的时候，你就会明白游泳机制与步行机制之间存在着何种联系。游泳虽然是步行的扩展运动，但是这种运动从来没有促使我们去尝试游泳。

因此，尽管我们能用智能去思考智能机制，但利用智能绝不可能使你超越智能。如果你执意这样做，就会获得一种更复杂的东西，但它并不是一种比智能更高级的东西，而只是与智能类型相同的东西。你必须经过激烈的战斗才能有所收获，或者说，你必须凭借意志采取行动才能将智力抛到一边。

思想的恶性循环只是表面现象，只有在其他哲学中，它才能成为推理的真实方式。如果只是证明我们的哲学中不存在这种现象，那就必须给出我们的说明。

表面来看，用绝对科学去观察事物，用生物学和心理学去解读生命，用物理学和化学去处理材料，这些都是十分精明可靠的事情。因此，从这些可靠的事情中，哲学家的任务便明确产生了，哲学所研究的范围也被明确划定了。

哲学家们在从事自己的工作时，往往会直接利用科学家总结的那些事实和规律。不管哲学家们如何看待这些事实和规律，他们都会对这些事实和规律报以足够的尊重。哲学家们不仅会用认知批判来充实它们，还会用形而上学来补充它们。但不管怎样，他们都始终认为知识的材料并非哲学研究的对象，而是科学研究的对象。

但是，这种劳动分工可能会将一切混合在一起，变得混乱不清。我们不禁会问：哲学家为什么看不到这种弊端呢?

哲学家们会从科学中提取现成的形而上学，这种形而上学包含在科学的分析和描述之中。而它们所制造的麻烦却被哲学家抛给了科学家。因为哲学家并不想介入现实问题，他们只会简单地用一些明确的术语去表达无意识，然后再依法炮制地去表达形而上学和对现实科学的批判。

天然的东西不同于人类的东西，我们不能被它们表面的相似所骗。在这个问题上，称述事实是一回事，根据事实做出裁决是另一回事，它们之所以界限分明，是因为其中还存在一种规律或法则的区别。这里的规律寄存在事实的内部，并且与切割事实的那些界限相关联。不了解事物的内部性质和结构，我们便无法清楚地描述出事物的真实面貌。形式无法脱离材料，将哲学置于科学之上，并用它来解决所有主要问题，其实就是将哲学看作是一个注册机构。人们所做的那些判决，最多只能用更明确的哲学词句来表述。于是，那些不变的判决就会变得措辞分明，更容易被人接受。

然而，科学的工作却是纯智能的工作。不管我们对智能的表述是否能被人接受，人们都会赞同我们对智能的一个观点：智能可以自如地应付无机材料。智能利用无机材料进行机械发明，这种工作做得越多，智能就越是会将无机材料当作机械来看待。同时，它也会越来越熟练地进行机械发明。智能具有一种潜在的几何性，这种几何性以自然逻辑为形式，随着智能对无机材料认识的加深，这种性质也会不断地对外释放。智能与无机材料相协调，出于这一原因，用于研究这种材料的形而上学和物理学才会如此接近。

事实上，当我们用智能去研究生命时，往往会把生命体当成无生命体来看待，继而也就会把无生命体的形式看作是有生命体的形式。这种习惯在旧领域中大获成功，因此智能又想把它带入到新领域中。这显然是一种正确的做法，因为只有在这种情况下，我们才能把生命体当作研究的对象。然而，用这种方法获得的结果与我们的行动是相对的，这种结果的真实是象征性的，它不具有像物理的真实性那样的价值，它仅仅是物理学的一种扩展而已。

8. 智能寄语——不按常理“出牌”，才能把握生命

智能对生命有何把握呢？或者说，它是否能在某些方面把握生命呢？答案是肯定的。智能确实能够把握生命的一个方面，这个方面就是引起人类身体行动的方面。而智能的连续性又是什么呢？是对行动的连续把握？

抑或是对生命的连续把握？我们又如何改变我们的生命和行动呢？

实际上，要改变某个东西就需要首先将其看作是可被分割的，或者看作是非连续性的。例如，人类在研究有机组织时，往往会将有机组织分解成许多细胞。这是站在绝对科学角度审视有机组织才能实现的一个过程。

人类对细胞的研究深刻地表明了这样一个道理，即越是深入地研究细胞，就越是会感受到细胞的复杂性。这就像是科学越是进步，就越是能看到元素数量的增加一样。这些元素彼此独立，但能聚在一起构成生命，这无疑是一个神奇无比的事情。

既然科学与生命拥有这样的联系，那是否可以说科学更了解生命呢？事实与之相反，当科学深入地去研究生命的局部细节时，它却发现真正的生命在逐步减少。许多科学家认为有机体是连续的，而有机体之所以能分解成无数的细胞，完全是因为人类的操纵。也就是说，细胞只是人为划分出的东西，它们实际上只是构成连续有机体的不可分割的一部分。尽管这一见解可能取得支配地位，但我们通过进一步研究发现，它只是研究生命的一种新方式而已。在这种新方式下，可以产生新的非连续性，而这种非连续性与生命的连续性之间的距离远没有想象的那样遥远。

实际上，只要智能按照天性运作，它就无法去思考生命的连续性。智能不仅显示了元素的多样性，也显示了元素之间的相互渗透。毫无疑问，多样性和渗透性是元素的两个重要特性。而在智能的领域中，这两种特性是无法协调一致的。

思考进化并不是智能的本来目的，换而言之，智能原本是无法用来思考运动变化的连续性的。智能视变化为一系列的状态，而每个状态本身是不会变化的。我们的注意力会将一个状态进一步分解成另一个系列的状态。如果将这些状态重新组合就能构成某种内部变化。或者说，一个状态是不可变的，但如果我们的注意力将其分解成无数的小状态，这一不可变的状态就可能在内部发生变化。继续分解每一个状态，情况都是如此。

同样，我们的思维就像是那些状态一样，可以被不断地重构。自然当然也能重构，但重构自然的元素都是既定的和静止的。然而，虽然我们已经用加减法去竭力表现变化的运动性，但是变化还是没有像预期的那样被我们紧紧抓住。

因为智能总喜欢用已经确定的东西去重构，所以它就可能弄丢一些新的东西。我们的智能视一切都是可预见的，在它看来，世界上不存在不可预见的东西。它会固执地认为固定的前提会产生固定的结局。而固定的结局是可以利用有关前提条件的函数计算出来的。

确定的手段会造成确定的结果，这是智能坚信不疑的事情。我们在讨论这些手段和结果时必定会用到一些已知的东西，而这些已知的东西又是由另外一些已知的东西构成的。换而言之，这些已知的东西都是由那些旧东西结合而成的。智能在运作时通常会对各种对象进行抽象、排除和分离，这样它就能在必要时用同样的方式构成对象的近似等价物，然后再用这一近似等价物去代替对象本身。

然而，新事物每时每刻都在产生，未来的形式永远是不可预见的。因为每一个形式都是独一无二的，每一种形式都是结果的组成部分。每一种形式都由伴随它的结果来确定，每一种结果也都由它所产生的形式来确定。我们可以在内心中感觉到这一切，而别人同样能依靠直觉感受到这一切。但是，对于我们所感受的这一切，我们既不能用术语去表述它，也不能利用智能去思考它。

我们必须明确智能的本来功能。智能不管在何时何地都在寻找因果性，它所找到的那些因果性中显示了我们勤劳的机制。人人都拥有勤劳的机制，利用这种机制，我们能将整体分解成局部，能以同样的运动获得同样的结果。智能理解最深的目的就是勤劳的目的。根据这一目的，我们会选择一

种特定的模式进行工作，而这种模式是原来就有的，它是由一些已知元素构成的。但是，严格来说，发明是与勤劳的一个分界点。智能无法把握发明的喷薄，因为它既不能把握发明的创造性，也无法把握它的不可分割性。

每当我们对发明做出解释时，总是会将那些创造的新东西分解成许多旧有元素。智能一直不承认崭新的东西和所谓的变化，它习惯将那些崭新的东西看作是旧有元素的组合。只需观察智能运作的结果，不必分析智能运作的机制，我们就能从中观察到以下事实：智能可以非常熟练地处理任何无机对象，但当它遇到生命对象时，就会显得笨手笨脚了。在处理生命问题时，智能会利用一种僵化、死板和残忍的工具，显然这里的工具与它的用途是不相称的。机械的卫生学和死板的教育学就是这些工具中的典型代表。

当我们想到那些有关身体与灵魂的自身需求时，想到智能赋予我们的特殊机能，想到那些揭露医疗和教育实践错误的明显损害时，我们就会惊异于人类所犯的种种错误，感慨于人类行走在世的种种愚蠢，同时更加会为错误的难以消除感到遗憾。显而易见的是，那些错误都源自于我们天性的固执。我们固执地利用处理无生命对象的方法去处理有生命对象，并用固体形式去思考流动的现实。

我们的智能天生存在着一种弊端，即它天生就无法理解生命。或许只有面对那些静止的对象或死去的对象时，它才会应对自如。因为这些对象都是不连续的对象，而智能恰恰对不连续的东西更感兴趣，也更加能处理的得心应手。

本能总是与智能对立着发展，本能需要按照生命形式获得自己的形态。智能只能机械地处理事物，本能则会有机地处理事物。我们知道本能中的意识是沉睡的，但如果这种意识突然醒来，从引发行动凝聚成知识，并且能回应我们的提问的话，那么我们就能从这种意识那里了解生命的核心机密了。

由于本能中的意识能帮助生命完成材料器官化的工作，所以对于本能从什么地方开始，器官化的工作从什么地方截止，我们都无法给出清晰的答案。雏鸡啄破蛋壳是一种本能行为，也是胚胎生命周期中的一种固有运动。在胚胎生命发育过程中，生命体的许多行为都与本能相关。因此，我们完全可以这样说：“生命的原始本能主要体现在生命的生长发育过程之中。”

在生命生长发育的过程中，沉睡的意识在生命展开行动时便已经醒来了。然后这种意识会伴随生命的成长不断扩展开来，最后在这种意识功成身退之时，又会完全潜入到生命体的深处，变成一种生命固有的力量。

一个生命体在成长的过程中，它的所有细胞都会为了一个共同的目标而一起努力工作。为了实现这一目标，每个细胞都分别承担起相应的任务，它们既为自己而活，同时也为其他细胞而活。在活着的美好时光里，它们会竭尽全力保存自己，不断地汲取营养充实自己，反复地再生自己，勇敢地去面对一切危险，并对危险做出恰如其分的防御性反应。

一想到细胞的种种行为，我们不禁就会想到：原来细胞拥有如此之多的本能。实际上，这些本能行动都是细胞天生的功能，同时也都是建设生命力的普遍要素。

我们知道，蜜蜂是一个有组织、有纪律的物种，它们通常都是群居生活。在每一个蜂巢中，蜜蜂们都会形成一种严密的体系，在这种体系下，每一个蜜蜂都会做好自己的工作，以至于它们完全可以和谐地生活在一起。但是，一旦脱离这种体系，单独的蜜蜂就可能无法独自存活。

由此，我们完全可以将整个蜂巢看作是一个有机体，而其中的蜜蜂就是这个有机体的细胞。对于这一有机体来说，每一个蜜蜂都被无形地与其他蜜蜂联系在一起，就相当于每一个细胞都与其他细胞联系在一起。这样

一来，蜜蜂的本能和细胞的本能之间并没有区别，前一种本能可赋予蜜蜂生命活力，后一种本能可以赋予细胞生命活力。当然，也可以说前一种本能是后一种本能的扩展。在这种情况下，本能的工作与器官化的工作是没有区别的。

9. 进化催生出了本能，而本能则为进化铺路

本能与本能之间也可能存在差别，这种差别是一种完善程度上的差别。例如，土蜂的本能与蜜蜂的本能之间就存在着这样的差别。实际上，在土蜂和蜜蜂之间还有许多过渡的蜂种，也就是说，土蜂要进化到蜜蜂的层次还需要经历漫长的时间。土蜂和蜜蜂进化的差别可以通过它们本能的差别体现出来。当然，这种差别也延伸到了它们的组织结构上，土蜂和蜜蜂拥有非常相近的组织结构，由此可见它们多少都具有亲缘关系。而土蜂与蜜蜂进化程度的差别同样也体现在它们的组织功能方面。

本能的差别和组织结构的差别是围绕一个主题差别的两种变奏。在这里，这个主题是恒常的，它就像是一个明确的目的地，生命要想到达这个目的地，就要翻越千山万水。也就是说，到达这个目的地的路线是不同的，每条路线的环境都不一样，生命只有适应所走路线的环境，并随之进行相应的调整和变化，才能最终到达这个目的地。

动物与细胞显示出了同样的知识，也显示出了同样的无知。细胞清楚哪些东西与自己有关或哪些东西能影响自身，动物知道哪些东西可以被自己利用以及哪些东西可以帮助自己。生命与所属的那个物种紧密相连，每当它感受到这种连接时，生命就会被切割出来，只剩下一两个相关的点。这时，生命就会像意识或记忆那样运作。

我们将全部的记忆抛在身后，却从没有意识到这一点。然而，记忆只是将少数回忆引入了我们的当前，它们以不同的方式演绎着当前的情势。这样，物种对物种的本能知识便能在生命的整一性中找到源头。这种整一性不是别的，是生命对自身的整体感受。考察动植物的特殊本能就需要将它们与那些被遗忘的回忆相联系，这样在紧迫需要的情况下，那些回忆自然会迸发出来。

科学虽然能解释许多原发本能，但它能否成功和彻底地分析本能是令人怀疑的。因为本能和智能源自同一个原理，它们是这个原理在两种方向上最终发展形成的。它们的运作范围总是令人难以捉摸，有时它们会在自己的范围内进行良好地运作，有时它们又会超出自己的范围进行运作。它们在利用无机材料的过程中不仅相互补充，而且相互渗透。智能和本能之间存在着等级上的差异，这种差异使得它们之间丧失了可比性。同时，这种差异也表明，智能是不能吞并本能的。事实上，智能的术语和本能的术语是完全不同的，我们既不能用前者去表述后者，也不能用后者来描述前者。

如果让一个天生的盲人与另一些天生的盲人居住在一起，我们就不可能使这个盲人相信这样的真实，即要观察到远处的某个东西不必同时看到近处的一些东西。这一事实是视觉才能完成的奇迹。但从某种意义上来说，盲人所坚持的信念同样也是正确的。因为视觉是由视网膜的触觉引发的，它是光对视网膜的一种刺激，而人类正是用触觉去表达一切知觉的。但是，人们对知觉的解释却与之不同。

将这种关系延伸到本能和智能身上，我们便能更加清晰地看到它们的区别。本能就像是远处的风景，或者是远处的某种知识，而本能与智能的关系就相当于视觉与触觉的关系。科学不能用本能的术语去表述这种关系，而只能用智能的术语去表述它。在表述这种关系的过程中，科学无法深入到本能的内部，而只能用一种仿制品来替代本能。

研究生物进化论的人都会相信这一点，即生物进化论的理论大致可被分为相互的两类：第一类理论将本能看作是自然选择的偶然差别的总和；第二类理论将本能看作是失效的智能。

第一类理论表明：个体在胚胎发育的过程中，可能会遇到这样或那样的阻碍，每当这些阻碍偶然出现时，个体生命就会相应地做出改变，形成一些偶然的预定配置。于是，在接下来的发育中，个体生命根据这些配置自然地采取了相应的行为，而这种行为可以在胚种之间继续传递，之后，新的个体又会以同样的方式做出新的改进。

第二类理论表明：当某个物种的代表发现了一些行动对自身是有利的，于是它就会将这些行动变成自己的习惯，而当这些习惯根深蒂固时，令这一物种没有想到的是，这些行动已经变成了一种可以遗传的本能。

在这两类理论中，前一种理论的优点在于，它在没有引起较大反对意见的情况下，充分考虑到了遗传传递。该理论认为生命个体的本能可能在生长过程中产生一些偶然的变形，但这些变形并不是个体获得的，而是胚种固有的。与此同时，这类理论不会将多数昆虫的本能理解为聪明的本能，当然也不会认为它们现在的本能是突然发展形成的，而只会认为这些本能是经过漫长的进化才产生的。

但是，该类理论所需遵循的新达尔文原理却对本能的进化有着另外的假说：该原理认为生物本能的进化其实就是它们新本能的逐步叠加，而这些新本能之所以能形成完全是因为偶然的幸运。新本能产生之后会与旧本能相适应，然后重新叠加演变。然而，我们必须明确的是，在绝大多数情况下完整的本能都不能通过简单本能的逐步累积来获得完善，因为每当一种新本能加入之后，生命整体就需要做出彻底的调整。而只是凭借偶然的幸运是无法实现这种伟大的调整的。

我始终赞成这样的观点，即生命胚芽偶然发生变形，在一定程度上可能影响到它自身的遗传。也就是说，生命可能通过累积偶然变形的影响的方式来将自身复杂化。同时，我也十分赞同以下观点：大自然通常会选择那些适用于生物生存的本能形式，而淘汰那些不适于生物生存的本能形式。为了使具有本能的生物获得进化，大自然必定会产生许多适合于生物生存的复杂性，而淘汰那些不适合于生物生存的复杂性。而前后这两种说法的本质是一样的。那么什么时候才会产生这种新的复杂性呢？只有在新增元素引起了旧元素的整体关系的变化时，这种新的复杂性才会产生出来。但是，没有人会认为生命进化的过程中会出现某种机会可以造就如此的奇迹。于是，我们便不得不去求助于智能。

我们应该重新对此进行假定：正是由于生物依靠了自身意志的努力，才最终发展出了更高级的本能。如果这一假定成立，我们便不得不承认这样的观点：生物后天形成的习惯有可能会变成某种遗传性的习惯。这显然是一种非常有规则的变化，而正是这种有规则的变化才能保证生物的进化。但是，这种情况仍是值得怀疑的。

我们说动物的本能要依靠智能，又说通过遗传可以获得习惯，但我们无法将这些解释扩展到植物界。因为植物界的努力并没有智能的参与，即使是有意识的努力也是如此。然而，当我们看到攀缘植物精确地运用它们的须蔓，看到食虫草精确地捕获昆虫以获得养分时，我们又不得不想到这些行动都源自它们的本能。

物种改变自身的努力必定是一种比个体的努力更深刻的东西，它既不单独由环境所决定，也不单独由个体所决定。虽然偶然对它起了很大的作用，但它绝不是纯粹的偶然所致；尽管在它之中包含着个体的合作，但它绝非单独由个体的创造性所决定。总之，这种努力是这一切的综合，它是由多种原因才产生的。

Section 6

乌有的根源：
乌有这个伪命题存在的基础

在日常生活中我们经常会不由自主地思考一些无解的问题，例如，宇宙是不是真实存在的？我们为什么是真实的存在？这些问题通常会令我们感到困惑和苦恼。有些人甚至因为这些问题对现实的存在产生怀疑，影响自己的正常生活。

这难免会令人们产生这样的疑问：这些问题真的有价值吗？我们能不能避免这些问题带来的困扰？为了解答这些问题，哲学家们对这些问题的源头——“乌有”观念进行了分析和研究。结果发现“乌有”这个观点并不具有真实性，也就是说由“乌有”这个概念延伸出的所有问题都不具备存在的意义。

这个结论固然能让我们对这些问题置之不理，却不能帮助我们杜绝这些问题的产生，也就是说尽管我们知道：“乌有”是一个伪命题，我们却仍旧无法彻底摆脱这个命题对我们的困扰。这是因为我们的思维运作方式与摄影机的运作方式一般无二。而这种运作方式事实上承认了“乌有”这个观念的真实性。

1.摄影机制与机械论错觉的概述

在我们的思维中往往存在摄影机制的错觉和机械论的错觉，第一种错觉是我们认为可以用具有稳定性的工具对不具备稳定性的东西进行思考，可以用处于静止状态的工具思考处在运动状态中的事物。这种错觉之所以产生是因为我们对头脑提供给我们对问题的不涉及利害关系的看法认识得不够全面，这种看法实际上是我们头脑的直觉，它是在思维永不间断地在自我变化中产生的。而人们在用智力获得这些观念时往往受到行动需要的影响，这使它们无法观察到思维变化的全过程，只能观察在思维的瞬间变化。这无法让我们在思考中得到想要的东西。自然而然的，我们会因此产生思维模式上的错觉。

第二种错觉是我们习惯性地用虚无对充实进行思考，这种错觉与第一种错觉一样，是由于我们用实践的方法进行思辨才产生的。和行动一样，我们将得到或是创造出自己想要的东西视为进行思辨的目的，在这种目的的影响下思维中的空白会被行动填充，从空洞向充实转变，从不存在向存在转变，从不真实变为真实。因为我们在生活中面对的现实往往是庞杂多变的，我们经常被这些现实所困扰。在这种情况下，我们经常下意识的忽视那些不是我们所需寻找的目标的现实存在（presence）的地方，将这些地方统称为没有现实存在的地方。事实上我们在做某件事情时采取这样的做法是没有任何问题的，因为这样能让我们尽快地解决需要解决的问题，达成自己的目的，但我们在进行思辨时，仍然用这样的方式进行思考，就难免使得我们会向行动时一样受智力提供的做事目的性的影响，产生可以用静态物品对具有流动性的事物进行思考的错觉。

在我们对知识基本问题进行讨论时我们已经产生了这种错觉，彼时我们曾经说过，知识的基本问题是了解为何事物中有规律却没有无序（disorder）。但是只有在我们将无序这个词解释为不存在规则、并且认为不存在规则的情况是存在的、会在知识的基本问题中出现时，这个问题才是有意义的。值得被讨论的。因为在这个问题中只有规则才是客观存在的真实的事物，要注意的是规则实际上具有两种不同的形式，且我们可以这样认为，规则的两种形式是互为构成的，也就是说我们可以将规则中的一种形式视为另一种形式的合成体。为此当我们发现，当下规则的存在形式不是我们需要的存在形式时，我们就提到了无序这个概念。

由此我们可以说无序实际上是一个客观存在的观念，这种概念与我们因期待落空产生的失落密切相关，它的存在并不意味着规则是不存在的，它仅仅可以用来证实那些我们丝毫不感兴趣的观点是真实存在的。因此我们能够发现，我们对存在规则的彻底否定实际上只是不断地从一种规则向另外一种规则转变。当我们向自己暗示某种规则实质上并不存在，与之相关的另外一种规则就会出现并且暗示我们这两种规则都是真实存在的。确实如果我们坚持将某种规则和与这种规则有关的一切全部抛诸脑后，那么我们就能脱离这种观念对我们的影响，此时这个观念就不再具有实际的意义变成了一个空洞的单词。这种时候就会出现另外一种观念将原本简单易懂的问题变成复杂的、难以理解的问题。这种观念认为空白是以规则进行填充，而规则是虚构的规则，不存在作为自身真实存在的基础的观念就是我们所说的在讨论认识基本问题时遇到的错觉。当我们对这个错觉进行深入的研究时我们会发现，这种错觉是通过一个虚假的概念表达出来的，这个概念由否定、空白、乌有这三个错误的观点构成。在下文中我们将详细地对这三个观点进行简单的介绍。

2.“乌有”这个观念的基本含义

在生活中我们常会产生这样的疑问，宇宙是怎样存在的？我们是如何得以存在的？这些问题看似刁钻古怪却能够促进我们自身哲学思维的不断发展，有鉴于此我们跨过了这些难以解答的具体问题，对这些问题中所包含的抽象概念“乌有”进行比较深入的研究，希望能了解“乌有”究竟意味着什么。

通过研究我们发现乌有是与存在相反的观念，我们对存在的否定就是对乌有的认同，当我们产生这样的念头：无（nothing）是存在的，且它们的存在是合理的。我们就会对存在产生疑问，什么事物可以被我们看作是存在着的？我们还有可能这样表述，像放在桌上的玻璃杯那样的存在于无上的事物。最初所有的一切都处在无的状态，存在是后来慢慢地添加到无上的，或者可以这样说“无”是世间一切事物存在的基础，它是在所有存在的事物出现之前就已经产生了。举个例子，我们可以认为玻璃杯始终是满的、存在的。但却不能忽视被玻璃杯中的液体填满的空白是永恒的，作为无存在的。也就是说任何被填补的乌有都与填补它的事物并存，并不是说如果某种乌有被填补，那么这种乌有就消失不见了。且这种被填补物终止的无法实际存在的乌有在理论上应是一直存在的，并且这种乌有存在的时间，比它们的填补物存在的时间更长。总而言之我们总会情不自禁地产生这样的想法，充实就意味着空白，所有的存在都是以无作为自身存在的基础。

这些发现让我们对什么是乌有这个问题更加好奇，为了满足我们的好奇之心也为了我们能以实物为基础探索绵延和自由选择的过程，我们必须对这个问题做出解答，因为形而上学之所以蔑视一切连续存在的现实就是因为形而上学是通过不存在（notbeing），去获得存在的：它认为任何一种连续存在的现实所具备的强度都不足以克服不存在。且存在的属性是经过它自身验证的。为此形而上学的学者们提出，人们所说的真实的存在并不是指的肉眼可见的事物和人们心里的存在，而是指人的逻辑思维存在，这是因为逻辑本身并不存在明显的不足，它完全能凭借自身固有的力量证实自身固有的客观存在的属性，并对逻辑思维的结果进行验证。举个例子来说，若我们问自己，为什么实物和人的头脑会存在？我们无法得出答案，但是逻辑原则可以回答我们这个问题的答案，这是因为任何一种逻辑原则都能够进行自我创造。举个例子来说，若我们画上一个圆形它作为纯粹的物理存在，是无法逃避它们将消失的命运的，但是如果我们对这个圆形成的逻辑原因进行思考，我们会发现没有任何事物能为画圆提供可能性，因此当我们将圆的存在性质与其他被事物证明过的原理相提并论我们就会发现。存在这个命题实际上并不具备任何神秘性，因为任何被具体事物证明过的，能作为其他事物存在基础的原理都像逻辑一样可以凭借自身的力量对自己的存在进行确证。这个事实对我们产生了巨大的影响，它让我们不得不改变对一些事物的看法，之所以这样说是因为倘若可以作为一切事情存在基础的原理，是以逻辑公理或数学定义的方式存在的，那么我们要研究这些事物就必须以这个原理为出发点。就如同我们必须运用公式进行数学运算一样。因此我们无法使用有效的因果关系去理解事物或事物原理中的自由选择的意义。斯宾诺莎和莱布尼茨都是用这个理论作为自己进行学术研究的依据。

因此如果我们能够证明当乌有与存在这个概念相对立时，它就成为一个虚假错误的伪概念。那么我们就可以说以这个概念为基础形成的哲学难题，例如宇宙为什么会存在都是一些伪难题。如果我们可以确定自由行动是一种绝对存在永不会消失，且这种绝对存在不是静态的而是一种动态的持续进行的。那么我们就不会在智力发展时形成种种不切实际的偏见，此外我们还能凭借这个概念形成一条智力道路，这条道路能让我们更加贴近头脑赋予我们的直觉，且我们拥有这条智力通道以后就不会再寻求那些与我们的尝试相违背的哲学问题的答案。

3.为什么我们说乌有是一个伪命题

在上文中我们已经提到过乌有实际上是一个伪命题，那么为什么这种观念是无法实现的呢？在本文中我们将从形象观念两个角度详细的说明这个伪命题的不可存在性。

在夜晚我们会拒绝接受来自外界的可以被感觉器官接受地信息，此时对我们来说整个宇宙都是寂静地处在暗夜之中的，但我们自身仍然是存在的，且没有因为暗夜来临发生任何改变，我们能感受到自身的身体机能的变化，我们在白天所经历的种种事情带给我们的感觉也依然存留在我们的记忆当中。除了这些之外我们刚刚形成的对宇宙的印象也仍然保留在我们的记忆中。我们如何令这一切消失呢？即使我们可以抹去我们对外界事物的记忆，但我们无法消除此刻我们的身体产生的各种感觉，也就是说我们仍然能对自己的实际身体状况产生意识。当我们一意孤行的去消除这种意识，减弱身体传输给我们的感受，我们会发现当这种意识近乎消失的时候，另一种意识就会被我们清楚地感受到了，实际上这种意识一直是存在的。但只有在另一种意识消失之前这种意识才能被我们所察觉。这是因为一种意识只有察觉到另外一种意识时才会消失。换句话说，只有我们开始思索另一件事情的时候，与当下我们正在思考的事情有关的想法才可能会消失。因此无论我们在做些什么事情，我们都能够察觉到与它相关的事物的存在。这种事物有可能是外在的也有可能是内在的。如果我们察觉不到，不是因为这种事物不存在，而是因为我们沉浸在自己的思绪中了，也就是说这个时候我们形成了内在自我观念。我们的所有思想都为这种内在的自我观念服务。如果我们取消这个内在自我，即我们不再对某件事情进行思考，那么这种消失的内在自我就变为了我们想象的内在自我的外部刺激令想象的内在自我成为现实，也就是说我们一直都在进行思考对象的改变。事实上我们在某些时刻确实会发现内部思想和外部事物的不存在即在某一时刻我们能感受到外部乌有和内在乌有的存在。但是我们不可能同时察觉到这两种不存在，换句话说当我们所处的外界环境中的事物不能引起我们的思考时，我们会自发地对与当前环境无关的事物进行思考。也就是说不存在中必然包含着存在，我们无法想象绝对乌有。

因此乌有这个观念绝对无法形成任何事物都不存在的形象，之所以有人认为他通过努力塑造出了这种一切都被取消了的形象，是因为他的思想在内在思考和外部世界之间摇摆不定，而这两者之间存在着一个平衡点，在这个点上我们既不能察觉到外在事物也无法察觉到内在思想，这就形成了我们所说的无的形象，这种无的形象是由主题形象和客体形象这两种形象构成的。且它在这两种形象中来回地变换不在任何一种形象上停留。显而易见这种形象与人们所说的什么都不存在的乌有形象是毫无关系的。所以我们说任何事物都不存在这种现象是不可能存在的。

现在有许多人认为乌有作为一种形象的确是不存在的，但是它可以作为一种观念存在于哲学的范畴中。我们不能想象取消一切但我们能够假设一切都不存在时的情况。笛卡尔曾经说过这样一句话，即使我们无法在想象出一个一千边的多边形但我们可以假设这种多边形实际上是存在的。而且我们能为这种假设提供相应的可能性。现在人们将这句话应用到了取消一切的观念上。他们认为我们可以轻而易举地构成让取消一切这个观念出现的程序。我们生活经验中的每一种观念都能在假设中不复存在。

事实上这种观念是非常荒谬的，下面我们将详细地说明为什么乌有即使作为一种观念也无法存在。我们知道只有在头脑中的思维片段同时存在的情况下，我们才能将这些思维片段构成的整体称之为一个观念。如果我们将这个整体中的某一个思维片段从脑海中驱逐出去，那么我们就无法想象一个观念的形成。举个例子，如果我们在画圆的时候缺少了一种需要的成分，我们可以对这个圆进行适当的改变，我们可以改变这个圆的颜色也可以改变这个圆的材质，我们甚至可以改变它的透明度，但是我们绝对无法改变它存在的形状，方形的圆永远不可能产生。这是因为圆的生成规律让直线画圆成为不可能。也就是说我们头脑中存在的所有东西都可以表现为要被消除的东西，但是如果头脑在取消任意一样东西时受到这样的暗示：它正在进行的取消工作不是针对整体进行的而是针对整体中的一部分，那么它就会自动自发地将消除某一种观念的指令转变为消除全部观念的指令。这就让这件事情变得非常荒谬。取消一切的观念也会从一个观念变成一个没有实际意义的单词。为此我们可以进一步的了解大脑进行的消除观念的机制。

事实上大脑在执行这一机制时消除的并不是人们假设可以消除的存在的对象，它消除的仅仅是人们头脑中的某种意识观念，我们来研究一下消除的第一种情况。我消除了某个思考的外部对象，那么在这个外部对象曾经存在过的地方就不存在任何与这个外部对象有关的事物了。但是这并不意味着在这个位置会出现一种绝对的空白，另一种思想对象很快就会在这个位置出现。有的人认为那个被消除的对象消失了以后它在头脑中占据的位置自然而然地会被空出来，这足以说明绝对空白是存在的。这个说法是不正确的，因为我们所说的位置的空白并不是一种哲学思维上的空白，它是人们用边界线强行创造出的一种空白。也就是说它已经超出了思维观念的范畴成为一种物质。这种物质性的空白实际上，只能代表某种对象存在

位置的变动。这种对象原来是在这里的此刻它转移去了别的地方。人们用乌有空白这样的词来形容因这种对象的移动而产生的位置。但是大部分的思维对象是不具有记忆力和预知能力的。它们不会对某些不存在的事物进行表达。他们只会表达那些存在的可以被察觉的事物。因此存在的可以被察觉到的事物仅仅能够代表某种事物的存在而不能表示某些事物的不存在。而少部分的具有记忆能够产生期盼这种情绪的对象，虽然能够使用“无”这个概念，但它们只有在它们所期待的外部对象不存在的情况下才会使用这种说辞，也就是说它们并不使用“无”这个概念表达什么都不存在的情况，它们用“无”这个概念表达的是它们对某个存在却没在固定位置出现的对象的期盼。而其余那些被人们用无来表达的事物，并不能看作是人们某种感受的表达。也就是说当头脑认为，那些被新的事物取代的旧的事物，仍然应该在它们原本存在的位置上出现时，“无”的概念就会产生。这种概念有两种含义，对主体而言这种无表示的是原地等待的一种选择。对客体而言，这种无代表的是新旧事物的交替。不管是这两种含义的哪一种都并不意味着全部的消失。

我们已经对头脑在外部世界表现局部乌有的运作机制进行了介绍。在下文中，我们将详细地向人们介绍头脑内部的乌有是如何表现出来的。事实上我们的身体只能对那些实际存在的事物进行表现。那些不存在的事物是无论如何都无法在我们的活动中表现出来的。不管是我们做的决定还是我们进行的思考都是以存在的形式呈现的。的确我们可以凭借自己的意志干涉我们内心的活动，制止某种想法的产生。但这并不意味着我们令自己的头脑呈现出了与有相对的无的状态。要知道当我们制止某种观念产生的瞬间，我们就已经形成了新的设想。我们之所以会察觉不到这种思想是因为我们沉浸在外部世界中，外部知觉令我们忽视了自己的内在看法。这就代表着充实只能被充实而不是空白替代，而我们的智力只能单纯地围绕着存在的对象展开运动。它没有期盼这种情绪，因此也就不会产生空白这种观念。如果事物的状态已经更新而我们仍然根据事物的旧有状态对当前的事物进行思考，那么空白的知觉就会产生。这种空白实际上表示的是我们的头脑对旧有事物和当下存在的事物的比较。它代表的不是充实的缺失而是充实的比较。总而言之，头脑和意识中出现的空白在本质上都是充实的另类表现。这种表现通过两个方面表现出来，一个方面是充实的替换，另一个方面是对存在产生的期盼或是惋惜的情绪。这种情绪由可能是来源于对现实生活的体验也有可能是来源于头脑的想象。

对这两种空白的分析足以让我们明白，如果我们将绝对乌有的含义理解为消除一切，那么绝对乌有就不再是一个有意义的观念了。它会变成一个没有任何实际意义的空洞的单词。取消一个事物的唯一方法是用另一个事物来代替它，只有发现了另外一种事物的存在我们才能说某种事物已经消失了。也就是说取消是以替换为基础的，这就证明了消除一切这个观念的荒谬性。

如果我们将世界上任何存在着的事物都假设为可以被取消的事物，那么世界上任何存在着的事物都会在思想中被逐渐地取消。根据这个从假设中得到的事实，我们会得出一个错误的结论，即我们所说的一切事情都能被取消的结论。在做出这个结论时我们忽视了两个至关重要的点，我们要轮流取消某个事物就必须用与它比例程度完全相同的事物来代替它。也就是说绝对取消这个术语本身就存在着无法调和的矛盾，这种矛盾足以让这个操作本身变为一种无法实现的事情。

4. “取消”和“无”这两个观念的来源及代表的含义

在我们分析“乌有”这个命题的真伪时，我们曾多次引用“取消”和“无”这两个观念来说明我们的看法。接下来我们将对这两个观点的来源及它们代表的含义进行一个比较详细的说明，借此来提高我们的看法的说服力。

现在我们先来介绍一下“取消”这个观念的来源及含义。我们知道，在记忆的影响下，我们的大脑会产生分解和区别的机能。也就是说大脑能够对事物的动态变化进行观察分析，在这种情况下，大脑如果想要否认某种事物的存在，不仅要分析存留在我们的记忆中的事物和想象中的事物的不同，还要创造一个特定的观念，这个观念能在我们的头脑对事物的当前状态感兴趣时出现，消除所有与事物当前状态无关的主观情绪。确保头脑思考事物的变化时不会因为记忆的混淆产生错误的认识。因此人们的头脑中就出现了取消这个观念，这个观念并不完全是在人们的智力活动中产生的，因此这个观念中包含着人的主观情感。它表达的含义是我们对已经消失的事物的惋惜之情。

在我们介绍取消这个观念的成因时，我们提到过：头脑要想从取消这个观念入手对事物进行否定，不但要表现出当前存在的事物和过去存在的事物的区别，还要表现出当下实际存在的事物与可能存在的事物的不同。在这种情况下否定不仅能表现出人的主观情绪，还能表现出避免他人犯错的社会特性。因此我们可以说否定这种观念自诞生起就与肯定密不可分，我们所做出的否定判断实际上是对一种非现实的肯定。换句话说我们否认一个事物的存在，就是在肯定这个事物能够被其他的事物所代替。

既然否定判断实际上是对事物代替的肯定，那么我们就可以说，否定判断并不受制于人们对某一个具体事物的肯定判断，它肯定的仅仅是一种可能性而不是任何具体的事物。为此在我们进行否定判断的过程中就会出现局部空白。这也就导致我们在否定判断中肯定的事物替换，与肯定判断中提到的事物替换有所不同。在这种事物替换的过程中，用于替换原有事物的并不是一种事物，而是原有事物遗留下的空白。我们认为这种否定替换事物自身的替换过程可以应用在任何一个事物上。在这种认知的作用下我们形成了无的观念。

如果我们从根本上对无这个观念进行分析，就会得出这样的结论“无”（Nothing）这个观念实际上代表的是全有（Everything）。这个观念具有两个显而易见的特征，即包含事物众多和充盈。之所以无这个观念有着两个特征是因为在这个观念中包含着头脑的持续不断地运动。

5. 存在与非存在的观念的含义

我们已经知道乌有实际上是一个伪命题，我们即不能想象一切都不存在的形象，也不能假设一切事物都可以被取消。然而现在有很多人仍然认为乌有是一个可以被想象的真命题。尽管他们已经知道消除一件事情的唯一方法，就是用其他的事物去替代它。但是他们仍然不赞同这样的看法“在思想领域只有用一个新事物代替原有的旧事物才能让这种旧事物消失。如果我们不在自己的头脑中创造一个新的形象用以代替旧有的形象，那么旧有的形象就永远不会消失。”

之所以这种正确的看法始终得不到人们的认同是因为消失（Representation）的表现实际上就是对在时间或空间中产生的现象的表现。这种表现与形象是密切相关的，我们只有摆脱自身想象力的束缚才能理解这种与形象密切相关的表现。为此人们提出我们可以用存在与不存在观念来代替消失或消除这些物理性的操作，我们在表达自己对某一个对象的看法时可以说我认为这个事物已经不存在了，而不是说这个事物被消除了。这是因为取消是一个行动，我们说取消一个事物就意味着我们必须在时间或空间领域对这个事物采取行动，此时这种事物会服从这种由空间或时间中存在的事物构成的普遍联系。将自己与联系中的其他事物联系起来。在这种情况下，如果我们不能满足新的事物代替旧的事物这个前提条件，我们就无法让旧有的处在联系中的事物消失。如果我们说将事物用存在和不存在来表示，那么我们只需用自己的智力做出判断，并且不需要任何的前提条件就可以下结论说事物是否存在。由此可见用存在与不存在这样的观念来形容事物的状态比用消除这样的观念来形容事物的状态更为恰当。

但是我们不能因为用存在与不存在这样的词汇来判断事物不需要任何附属条件，就认为我们可以用判断事物存在与否的勾销线将进行判断的事物与其他事物分割开来。事实上我们试图抽象的所有事物都在这条勾销线上。为此我们必须将那些被假设为存在和非存在 (non-existent) 的事物对象进行一个比较。在比较时我们可用 A 来代指存在对象和非存在对象。

我们可以将只存在于思维中的对象 A 视作 A 这个对象本身的一种简单表达（representation），这是因为如果我们不在表现某个对象时让这个对象具备一定的现实性，我们就无法察觉到这种对象与另一种对象的区别。康德对本体论进行驳斥的时候已经提到过这一点了。既然已经对存在对象 A 进行了定义，那么与之相对的假定不存在的对象 A 究竟指的是什么呢？很多人会对这个问题产生误解，他们认为对象 A 的非存在，实际上表示的是存在观念在对象 A 中的抽离。然而事实并非如此，我们用非存在来表达对象 A，实际上就是在与对象 A 有关的观念中添加了排除这个观念，之所以这样做，是因为对某个对象存在的表现实际上是这个对象的表现的一部分，两者是密不可分的。我们为对象增加“排除”这个观念后，每次一想到这个对象就会不由自主地想到它的存在，在这之后我们才会产生找一个无法与它并存的对象来代替它的念头。要注意的是我们关注的是被替代的对象，因此我们并不需要探究这一对象被替代的原因，尽管如此，它仍然以一种不清晰的状态存在于我们的头脑当中。也就是说驱除者和驱除这种行为是紧密相连的，当我们驱逐原有观念的时候，我们会下意识地对驱逐的原因也就是用来代替原有观念的新观念进行思考。也就是说我们否定事物的真实性的行为，恰恰让这件事情拥有了普遍真实。也就是说一个对象的不真实，不可能表现为否定这个对象的各种存在。因为我们说的表现一个对象实际上就是对这个对象的存在进行表现。我们对对象进行表现的这种行为本身就证明了我们的头脑与这个对象是有联系的，且这个对象的存在与我们对这个对象存在的表现是密不可分的。它并不是一种真实的存在，而仅仅是一种观念的存在。也就是说这种对象只是具备存在的可能性，但只有在我们将这种可能性与现实相联系的时候，这种可能性才真正具有意义。如果这种用以替换原有对象的新对象只能存在于人们的假设中无法在现实中出现，那么最终成为现实的就是比那些人们试图替换的存在的可能性更小的存在。此时你表现出的就不是对这种存在的否定了。也就是说不论我们的见解有多么的独到，我们对这件事情的质疑都会多于对这件事情的肯定。因为我们认为这件事情不可行也就代表着这件事情具有实施的可能性，且我们提出的这件事情不可行的观点，能够帮助我们利用现实情况对不具备实施可能性的对象进行排除。

有的人认为我们对非存在的定义不能满足我们的需要，因为这个定义中的非存在不具备充足的能令我们摆脱想象因素的否定性。他们说我们根本不在意一个事物所具有的非真实性是不是代表着其他的事物对它的排除，因为我们可以按照自己的意图将我们的注意力集中在任何的地方。也就是说他们认为对事物的否定仅仅是一种自我意识上的行为，只要我们将自己正在考虑的所有事情都视作是错误的，我们就可以说我们在精神上将所有的事物都消除了。之所以人们会产生如此荒谬的看法，是因为他们将否定的观念与肯定的观念相提并论。他们认为否定和肯定一样都具备用自己的内在力量对自己的存在进行确证的能力，因此否定也和肯定一样能用自己的内在力量创造观念。他们两者只有一个区别，这个区别就是肯定创造出的是肯定事物的观念，否定创造出的是否定事物的观念。在这种想法的支配下，他们认为既然我们能通过持续不断的肯定形成全部的观念，那么我们就一定能通过连续的否定形成全无的观念。这样的论断是武断的、经不起推敲的。人们在下这个结论时忽视了很重要的一点，即人们的头脑之所以能建立起一个完整的观念，是因为头脑中进行的活动是完整的得到头脑每个部分参与的，而在否定活动进行的时候只有一半的心智参与进来，另一半心智则始终处于被理解的状态中。此外人们也没有意识到否定比肯定多包含了一种智力之外的因素，正是因为有这种因素的存在否定才具备了具体的特征。

6. 两种非存在观念的异同

我们已经对两种非存在的定义和它们产生的原因进行过简单的介绍，接下来我们将着重的分析一下这两种非存在观念，并对这两种观念的优劣进行判断。

我们可以举个例子对第一个观点进行分析，如果我对你说出这张桌子不是白色的这个否定命题，那么你就应该用一个新的判断来替换桌子是白色的这个肯定判断。要注意的是这个判断的关注点是桌子的颜色，因此当你做出与桌子是白色的这个判断不同的判断时，你应该从颜色入手，当然我们对这个颜色并没有做出什么具体的规定。由此我们可以得出结论，我们对一件事情进行否定判断的本质是提出我们在这件事情上的需要。这个需要是用另一个肯定判断将原本的不正确的判断替换下来。且在整个替换过程中我们只关注被替换判断所具有的性质，不关注用于替换的肯定判断，也不会对这个判断提出性质上的要求。

因此在我们对假设中肯定的判断进行否定时，我们一直进行着两种活动。第一个行动是让自己对另一人肯定的对象或是他以前说过的话产生兴趣；第二个行动是宣布当前我所发现并初步了解的肯定判断一定会被另外一个肯定判断所代替。这两种行动中只存在肯定判断不存在其他任何东西。我们能够在行动中察觉到只有否定具有的独一无二的特点，是因为我们将这两种行为叠加在了一起。为此即使我们将与肯定观念意义相反的否定观念中蕴含的力量都用在否定判断上，我们也不能从否定判断中得到任何观念性的内容。

为了更加详细地说明这一点，我们可以暂时停止对性质判断的考察，转而对存在判断进行考察。举个例子，当我们说对象 A 不存在的时候，我表达的意思是对象 A 是存在的，但它存在的位置发生了改变。这是因为如果对象 A 是不存在的，我们的脑海中就不会产生与对象 A 有关的看法。也就是说存在的对象 A 的观念与单纯的这种对象的观念是没有任何本质区别的。只要我们提到对象 A 就证明我们认为对象 A 是存在的，或者说我们认为对象 A 具备存在的可能性。对象 A 是存在的或对象 A 具备存在的可能，这两种肯定判断都包含在对象 A 不存在这种否定的判断中，因此我们对某些判断进行否定是为了表达这种意思。如果我们将那些仅仅在观念中存在的对象变为一个真实的对象，那么这种对象就会被种种现实所排斥。也就是说不存在这种判断会使想象领域的对象和现实理论中的对象无法共存。要注意的是，我们进行否定判断的目的并不是证明某样事物是否存在，而

是提醒人们某个判断实际上是不正确的。

既然我们已经从否定观念和否定判断这两个角度，对第一种否定观念进行了分析和证明，那么接下来我们要对第二种否定观念进行相对恰当的分析。在分析第二种观点之前，我们必须先牢记一点，否定是大脑对那些在假设中被肯定的事物的态度。一个否定理论必然是以与它相关的肯定事物作为存在基础的。也就是说，倘若我们做出一个肯定的判断，那么这个判断表达的，一定是我们自身的见闻。但如果我们做出一个否定的判断，那么判断所表达的事情与我们的见闻无关。这时这个否定判断所表达的，是人们对与之相关的肯定判断的态度。举个例子，假如我们做出这样一个判断：桌子的颜色是白色的，那么我们想要表达的意思是，我们看见的这张桌子，它的颜色是白色的。如果我们做出这样的判断：桌子的颜色不是白色的，那么我们所表达的是：我们对桌子是白色的这个判断的不认同。

在了解了否定判断表达的含义后，我们就能对肯定判断和否定判断的区别有一个正确的认识。我们知道肯定判断和否定判断的区别在于：肯定判断直接地表达了人们对事物的看法，而否定判断是通过对与之相关的肯定判断的否定，间接地表达了人们对事物的看法。

通过上述分析，我们可以得出结论：否定表达的含义并不是对事物的消除。人们进行否定的目的是为了提醒他人，他们对某些事物的看法是错误的。它针对的对象是人们假设的与现实社会不相符的可能存在。因此我们可以说将乌有看作一切事物都不存在，是错误的、不符合实际情况的。

7. 为什么人们总是将“乌有”当作一个真命题

我们知道乌有这种观念实际上是一个伪命题，以这个观念为基础的众多问题也不具备任何实际的意义，然而在生活中有许多人仍会不由自主的对这些问题进行思考。那我们究竟为什么会进入这样的思维误区，将乌有的观念当做一个真命题来看待呢？在下文中我们将对这个问题做出解答。

我们已经分析过不存在和否定这两个观念，我们知道不存在并不是意味某一样事物的消失，它表达的意思是用现实中真实存在的事物，来代替在我们想象中存在的被现实所排斥的事物。而否定判断实质上是以肯定判断为对象做出的判断。这两者都无法形成一个真实存在的观念。但在我们的脑海中，仍然存在着一个错误的认识，即代表着一切事物都不存在的“无”，是世界上一切事物存在的基础。正是这个认识让我们将乌有视作真实存在的情况。那么这个错误的认识究竟是如何产生的呢？

通过仔细的调查研究我们发现：这个认识之所以产生是受到了感情因素实践因素和社会因素的影响。这些因素使否定这种观念拥有了具体的表现形式。要知道我们的思想都是为我们的行为服务的，因此我们的思想习惯会被我们的行为习惯所影响，若我们按照某种原则对事物采取行动，那么我们在思考观察事物时也会受这种原则的影响。而我们之所以做出某种行为，是因为我们对现实的要求得不到满足，我们采取行动是为了寻求我们缺少的东西。也就是说我们的行动从本质上来说是一个从无到有的过程。这里所说的无并不是指什么东西都不存在，而是指没有我们需要的东西。举个例子来说，我们在房间里没有找到椅子，我们会对同伴说这里什么都没有，我们当然知道这个房间里有空气、桌子这一类的东西，但因为这里面没有能够满足我们达成这一愿望的东西，我们就用什么都没有来形容这间屋子。我们可以更抽象地表达我们的行为和行动中的无所表达的意义，我们可以说我们之所以对事物采取行动是为了让事物具备有用性，而无指的是我们的行动还没有成功的创造出我们所需要的东西。所以当人们问起我们的一生究竟在做些什么，我们可以回答说，我们这一生都在满足我们

自身的需要，填补各种无造成的空白。

既然行动是以填补空白满足自己的愿望为目的，深受行动影响的思维会在自身愿望还没有达成时，受到遗憾惋惜等负面情绪的影响，设想出种种空白也就不足为奇了。事实上只要这种代表着有用性缺失的空白被设想出来，我们就可以说“我们行动和思考的方向都是从空白走向充实”。这种说法应用在行动上没有任何问题，但因为我们思考的对象是具体的事物，因此当我们将这种说法应用到思维上时，我们就会走入思维的误区，把相对意义上的无变成绝对意义上的无。在这种情况下我们就产生了代表什么都不存在的无，是一切在假设中存在的事物，变成真实存在的基础。这样错误的认识，导致乌有的观念得到了人们的认同。

7

Section

变化的哲学：为摆脱错误的运动理论创建的哲学

我们知道：变化对我们的生活是非常重要的，如果我们不能正确地认识变化，那么，我们就无法对现实生活中的真实存在有一个正确的认识。为此，哲学家们对运动和变化的性质以及人们对变化和运动的看法进行了研究。

在研究过程中，哲学家们发现：人们有许多关于运动和变化的错误认识，例如“运动是以静止为基础的”。为了让人们认识到这些看法是错误的，古代哲学家们创造出了理式哲学，这种哲学向我们解释了：为什么我们对运动的本质进行思考时会得出错误的结论以及运动存在的基础究竟是什么？

诚然由于理式哲学虚构了神的存在，它得出的结论并不是完全正确的，但是它成功地隔断了人为创造的静止与运动之间的联系，让人们从其他的角度思考运动的起源，为现代哲学家们分析运动的真正起源创造了基础。

1.人们眼中的变化———无差别的运动

我们之所以耗费大量的笔墨来介绍乌有这个伪命题，是为了证明一个与绵延有关的概念。这个概念就是“在绵延中，也存在着能够证明自我存在的现实。”换句话说我们能够在绝对运动中，获得想要的现实存在。我们知道存在都是绝对的，而我们所谓的绝对事实上指的是事物的延续和集中。它的本质是心理上的。然而，若我们将乌有当作真命题，从乌有中寻求存在，那么我们就无法察觉到绝对的本质。因为在我们用乌有来寻求有的时候，我们的观察都是以行动为目的的。这种不纯粹的观察会让我们误认为存在具有的性质是逻辑的、数学的，而非心理的。在这种情况下我们会认为存在是静止的，忽视绝对运动中的存在。我们必须证明乌有这个观念的不真实性，才能意识到：我们能在绵延中寻找存在。

然而知道绵延中（也就是绝对运动中）有我们追寻的现实存在，并不意味着我们能顺利地在绵延中获得想要的现实存在。这是因为如果我们想要在绵延中获得现实存在，就必须让自己进入绵延当中。但我们的智力让我们无法做到这一点。

我们知道决定我们的行动是智力唯一的功能，在这种情况下，只有行动的结果能引起我们的兴趣。为了达到行动的目的，我们可以使用任何一种工具。也就是说在行动的过程中，我们只关注我们设定的行动目标能否从观念变为一种现实，对具体的行动过程则毫不关心。而我们的思维方式又深受行动方式的影响，这就导致在我们进行活动的时候，我们的脑海中呈现出的只有活动的目标，没有活动的过程。举个例子，当我们用手去拿笔的时候，我们想到的是拿到笔这个行动目标，而不是拿笔的时候做出的一系列动作。这就说明在智力的影响下，我们的意识会忽视行动的整个过程，只关注运动创造出的形象。

有鉴于此，我们的智力必须将活动进行时所处的环境视为静止不变的，我们的意识将尚未完成的行动结果同样视为静止的不会改变的。为此智力做出一种假设即我们的材料（活动时所处的环境）是可以随时呈现的。

我们知道，在生活中，我们都是用感觉器官来观察事物，用运动器官对事物采取行动。在这种情况下，如果我们将材料视作可以随时呈现的，我们就会自然地得出这个结论：如果我们的行动永恒的将关注点放在可以取得的效果上，并且能够短暂地接受这个结果，那么我们的意识就会将行动瞬间呈现出的状态保留下来，并且短暂地沉浸在这种状态中。这个结论能在我们的生活经验中得到证实。

自我们诞生起，我们就具备了划分各种性质的能力。我们能够说明哪些属于色彩、哪些属于硬度。如果我们单独看待每一种性质，我们会认为，这些性质一直处在静止的状态中。然而，如果我们根据性质具有的普遍性对事物进行分析，我们就会发现这些性质都是由众多的运动构成的，它们都是时刻变化的。此外，我们无法从这些具体的变化运动中得出变化的普遍规律。这是因为每一种变化运动都不是永恒存在的，它们之间不存在任何的联系。我们所说的那些变化运动中的联系，是我们为了满足想象力的需要，自行创造出来的，为此我们要想了解变化，就必须使用我们的知觉器官去捕捉那些基本的变化。从进化的角度来说，行动力量越强的生物，在一个瞬间察觉到的事物的变化就越多。那些能够在短短一个瞬间察觉到数亿兆的细微变化的高级生物，不仅可以察觉到事物的细微变化，还能对事物的变化做出恰当的反应。人类作为这种高级生物之一，一直处在运动当中。我们可以在极短的时间内察觉到大量的变化，并且根据这种变化调整自己的行为，以便达到预期的目的。

尽管变化对人们的生活产生非常重要的影响，但人们并不在意变化究竟意味着什么。我们已经提到过人们真正感兴趣的，并不是现实存在的运动过程，而是我们设想出的事物的运动计划。我们用这些静态的运动计划来区分我们的各种行动，变化对于我们而言只代表着运动这一笼统的概念。当我们被要求对发生过的运动进行表现时，我们表现的仅仅是针对这种运动做出的实施计划，而不是运动本身。若我们将这种表现视为我们自身的知识素养，那么这种知识只能看作是我们对状态的认识，不能看作是我们对变化的认识。换句话说我们的头脑一直从静态的角度出发来对非静态的事物做出解释。忽视了事物的绝对运动。在这种情况下，如果我们用动词、形容词、实词这三类词分别形容头脑的三种表现行动、性质和形式，我们就会发现动词事实上并没有什么实际的意义。

我们还可以借助在生活中发现的东西，更加明确地表达我们对变化的态度。在生活中我们观察到的变化有三类，第一类是性质的运动，例如，我们的花朵从黄色变成红色；第二类是进化式的运动，例如毛毛虫破茧成蝶；第三类是扩展运动，例如吃饭这种行动。这三类运动在本质上是极为不同的。而我们要做的就是在这三种不同的运动中抽象出它们的共同观念，然后给这个观念提供不同的形象，将明确的形象与模糊不清的变化观念组合起来，并且用这种组合去取代有具体形式的变化，而我们所关注的只是这种组合中的明确形象。我们知道在这些形象的背后存在着事物的变化，但这种变化在我们眼中都是一样的没有任何差别的。

2. 摄影机制思维无法获得流动性现实存在的原因

我们知道现在有许多人将摄影机制用在思辨上，他们认为既然摄影机制能够令我们成功地的获得知识，那么我们就能成功的利用摄影的机制在绝对运动中获得现实存在，实现自己的行动目标。那么这种看法是正确的吗？在下文中我们将对这个问题进行分析。

要知道用摄影机制进行思辨是否正确，我们必须先了解我们是怎样用摄影机制获得知识的，为什么我们要用这种机制来获取知识？只有知道了这些我们才能进一步对摄影机制思维进行分析。

我们知道摄影机的工作机制是将行动中的瞬间照下来形成图片，然后不停地用下一张图片来代替当前的图片。这个工作机制的原理就是，在所有具体的运动中，抽象出普遍运动，然后将这种普遍运动放入照相机，将它与人们活动的不同角度结合起来，建立起新的、具有特殊性的运动。

我们所说的将这种原理应用在获取知识上，就是从旁观者的角度，观察记录事物的现实情况。然后根据我们记录下来的现实特征，将这些现实用一种普遍的、不易察觉的变化联系起来，以此来获得这种变化中独有的东西。

之所以我们用这样的方式来获取知识，是因为我们学习知识的目的是通过这些知识完成我们设定的行动目标，也就是说我们要用我们学到的知识为我们的行动服务。而摄影机的方式能成功地让行动的普遍特征成为构建知识普遍特征的基础，且这种方式可以保证我们是以相关知识为指导对事物采取行动的。这样看来，我们将这种机制用在与知识性质极为相似的思维上似乎没有什么不妥。但我们忘了极为重要的一点，即这个摄影机制中的知识和行为都是非连续性的，而思辨过程中的种种变化却是连续的、永不间断的。若我们将这种摄影机制用在思辨上，将某些连续的、具体的变化，用那些从具体变化中抽象出来的具有普遍性的变化联系起来，然后再对那种有了具体表现形式的普遍性变化所象征的转变进行观察。我们会发现我们实际上并没有得到什么收获。为了能知道究竟是什么连接起了这两种特殊的变化，我们会不断地重复这个过程。这样做固然能令我们从动态的角度来思考我们的运动，却始终无法实现我们的运动目标。这是因为我们用这种思维方式，创造出的各种连续不断的状态无法帮助我们创造出新的运动。每次我们试图用摄影机制创造出的状态重建我们的变化，都会产生这样的错误认识，即运动的建立是以静止为基础的。每当我们对运动进行较为深入的分析时，我们都会受到这个认识的影响，使得我们得出的所有与运动相关的理论都不具备真实性。在这种情况下我们从自认为正确的绵延中得到的现实存在并不具备真实性。

3. 如何摆脱运动问题中的理论谬误

在摄影机制思维的影响下，早在哲学诞生之初，哲学家们就产生了许多与运动问题有关的错误认识。举个例子，哲学家芝诺曾提出，箭矢在它运动的整个过程都保持着静止的状态，这是因为运动着的箭矢在既定的每一个运动的刹那，都会在一个特定的点上停留，且这些停留的点从始至终都是静止的。

如果箭矢自始至终都不会在任意一个点上停留，或是运动着的箭矢始终停留在某一个位置上。我们都可以说芝诺提出的这个理论是正确的。但事实上这两种假设都是不真实的，箭矢是有可能停留在某个点上的。但是若箭矢真的停留在某个点上，我们就不能说“箭矢是运动的”，然而箭矢的本身具有不可分割的运动性。所谓不可分割的运动性就是指当箭矢从一个点向另一个点移动时，会产生一种张力。这种张力是不可分割的，它会对箭矢的整个行程产生影响，将整个行程联系起来。假如我们在箭矢运动的起点和终点之间设置一个中间点，并且说箭矢会在这个中间点上停留。那么箭矢从起点 A 向终点 B 移动的运动过程，就不再是一个单一的运动了。既然在单一的运动过程中，并不存在可以让箭矢中途停留的某个点，那么我们就可以说箭矢在运动过程中始终处于静止的状态是一个谬论。

这个谬论之所以产生，是因为人们对运动有一个错误的见解。即我们完成一个运动后，会留下该运动的运动轨迹。而这个轨迹实际上是静止的，因此我们可以通过这个轨迹，找到无数个运动的静止状态。这个见解让我们得出这样的结论：在一个事物处在运动中的时候，我们能在它运动的每一个瞬间，找到它停留的痕迹。举个例子来说明这个结论，倘若一架飞机从 A 地飞往 B 地，我们会说这架飞机会在处于 A 地和 B 地之间的 C 地停留。在我们得出这个结论时，我们没有意识到这个轨道并不是分阶段创造出来的。我们可以将这个轨道视为一个具体的事物，对它进行分割，却不能将为了创造出这个轨道所采取的行动，也视作一个具体的事物进行分割。也就是说若我们假设一个事物运动时，能够在起始点和终点以外的某个点停留，我们就会把这个事物的运动从一个单一的运动，变成两个连续的运动。而我们恰恰是以“这个事物进行的是一个完整的运动”作为这个假设存在的前提的。换句话说，这个假设本身就证实了“事物在运动中可以保持静止状态”这个前提是错误的，不可能实现的。

除了这个谬论外，芝诺提出的其他悖论也认为，所谓的运动就是指：运动过程中经历过的那些线路。换句话说，所有适用于这条线路的结论，都适用于运动。例如，既然不论我们将线路分割成什么样子，线路都是一个整体，那么无论我们把这个运动假设成什么样子，这个运动都是一个不会改变的整体。我们以这个悖论为基础创造了许多错误的结论。

但事实上，只有当观察者们做到从旁观者的角度看待事物的运动，在事物运动的每一个瞬间都找出事物可能停止的位置，并且将可能存在的静止状态作为新建的运动存在的基础时，我们才能说适用于线路的结论也同样适用于运动。然而我们通常能够在生活中得出这样的结论：运动是连续不断地，不可分割的。在这种情况下我们自然而然能够明白，“所有适用于线路的结论都适用于运动”这样的看法是荒谬的。

我们持有这种看法，就相当于我们明明知道：是某种不可分离的笔触创造出了从起点到终点的线路，却还要试图用这条线路中已经被创造出来的某个部分，来创造这条线路。毫无疑问这样做是徒劳无功的。我们能将运动着的事物创造出的路线进行分割，是因为这种线路中不包含任何内在的组织。而运动则不是如此，它含有众多的内在组织。因此我们说运动实际上是一种连续不断地具有整体性的跳跃。

我们可以用几何级数进一步说明这一点，在阿喀琉斯（Achilles）追着乌龟跑的时候，无论是他还是乌龟所走的每一步都是无法分离的整体，毫无疑问跑一段路之后他会超过乌龟。我们完全可以通过分辨他们二者单位时间内所跑的步数，进一步对他们二者的行动进行区分。要注意的是我们在区分这两者时必须以他们自身正常的完成这个过程所走的步子为依据，只有这样才能保证这个分析能够顺利完成。如果我们按照芝诺的想法，对阿喀琉斯的运动进行重构。假设他每一步的落脚点都是乌龟上一步的落脚点，那么阿喀琉斯就永远无法在跑步过程中赶上乌龟，他想超过乌龟就必须使用例如抄近路这样不同寻常的方式。如果我们认为运动和运动过程中经历的间隔一样是可以被拆分和重建的，那么我们眼中的运动就与芝诺在悖论中提到的阿喀琉斯的运动没有任何区别。也就是说我们认同了这个谬论，而一旦我们认同了这个谬论，我们就不得不承认“其他与这个谬论有关的全部谬论的存在都是合理的。”

在这种情况下我们能很容易地将芝诺的这种看法的适应范围扩展到性质和进化上。我们知道每个人类都要经历从幼儿变为青年，再从青年变为成熟的中年，最后变为身体机能衰退的老年人的进化过程。如果我们承认这个过程的真实性，那么我们就能够对这个过程有一个正确的认识，将我们所说的人类进化的四个阶段，看作是我们受外界环境的影响想象出来的、可能存在于不间断发展的过程中的暂时停止点。但是若我们不将这四个阶段视为自身设想出的观念，而是将它们看作是真实存在的进化中不可或缺的一部分，那么我们就无法研究人类是如何进化的。因为我们永远无法用一些始终处于静止状态的点来建立一个完整的运动。那么我们究竟应该如何做，才能成功地用已经成型的物品重新建造那些正在形成的事物呢？我认为：只要我们不再用摄影机机制来思考问题，我们就能做到这一点。

我们所说的不用摄影机机制思考问题指的是我们在与人谈话时要注意，不要过分的在意一句话的字面含义，否则我们就难免陷入思维的怪圈。举个例子，如果我们听到“孩子长大成人”这句话时过于关注这句话的主语“孩子”和“人”，那么我们就会不由自主地忽视孩子成为大人的这个过程。若要成功地避免这一点，让我们的语言完全符合现实情况，我们应当这样表述“孩子要成为一个大人必须要经过一系列的变化”，这样我们的思维误区就能被“变化”这个词汇所掩盖。换句话说我们可以用更为恰当的表达方式将自己置身于思维转变之中，减少我们因为智力的摄影机机制产生的理论谬误。

4. 古代的各种哲学——为了避免与运动相关的谬论创造的哲学

我们已经知道要想成功地摆脱摄影机制思维的困扰，避免诸多谬论的产生。我们必须改变自己的表达方式，让我们表达的内容与现实情况相吻合。但这并不是一个容易做到的事情。因为那种与现实相符合的表达方式，通常与人们大脑的运转过程相违背。也就是说这样的表达方式要求我们时刻用逆向思维来理解事物。这对任何一位哲学家来说都是无法解决的难题，为了调和语言表达和思维方式之间的矛盾，他们想了许多的办法，接下来我们就来了解一下古代哲学家们为了解决这个难题创造出的种种学说。

首先我们先来看看古希腊的哲学流派——埃利亚学派是如何解决这个问题的。我们知道在古希腊人的眼中人们只有顺应自然和头脑的与生俱来的思考方式，才能促进自身的发展。因此他们认为：我们所使用的表达方式，必须与我们的思维方式相统一。当他们发现，事物真实的发展历程与我们的思维方式、表达方式不统一的时候，他们所做的不是改变思维和语言表达的方式，而是否定事物进程的真实性。

他们认为空间运动和具有普遍性的变化并不是真实存在的，他们认为这只是人们做出的无法被现实所验证的假设。我们所说的变化仅仅是我们用自己的感觉器官和运动器官察觉到的现实，不是真实的现实。真正的现实远比我们察觉到的现实更加真实，而这种真实的现实从本质上来说是固定不变的。我们要想获得这种现实，必须找到那些被诸多变化所掩盖的、固定不变的性质和形式。

古希腊人们将这种看法视作形式哲学发展的原则，并且以此为基础创造出了理式（Idea）哲学。理式这个词既可以被理解为形式，也可以被理解为本质和意图。由于它具备的这三种意思，我们可以将理式解释为对处于静止状态的事物的看法。也就是说我们用理式哲学来看待事物，就相当于将变化从事物的发展中抽离出来，将这种动态的变化分割成诸多静态的瞬间，然后对它们进行观察。

通过分析我们发现，如果用理式哲学思维对事物进行思考，我们就可以从事物中得到完整的物理学、神学、宇宙论的知识。要注意的是，我们用理事哲学思维思考事物所获得的知识，与我们用摄影机制思维思考事物获得的知识是一样的。虽然我们并不完全认同这种摄影机思维方式，但是既然这种思维方式已经存在，我们就有必要相信这种思维方式，努力用这种思维方式来获取各种知识。

现在我们已经知道运动体呈现出的状态中存在的东西比运动这个过程中存在的东西少，形式中呈现出的东西要少于变化中含有的东西。因此，我们对某样事物进行思考时，应当从运动和变化中入手。然而古希腊的哲学家们却反其道而行之，他们认为我们从静态事物中得到的东西要比从变化的事物中得到的东西多。为此他们提出“我们可以通过减少静态事物中包含的东西来获得动态事物中包含的东西”，山即通过减少的方法，让事物从固定不变的静态事物变为动态的事物。

为了做到这一点，哲学家们在理式哲学中加上了可以代表否定的事物。例如柏拉图提出的非存在（non-being），这种事物实际上代表的是在时间和空间上都空无一物，我们将这种事物统称为零。哲学家们将空间和时间领域内的理式与这种零相乘，将所有静止的事物和那些简单的理式思维一起折射入一种永不静止的运动中。哲学家认为在这种情况下各种理式之间不再是毫无联系的，在各种理式之间出现了一种“无”，这种无可以对事物产生刺激，削弱那些固定的理式对事物的影响。这时我们就可以把理式的具体形式看作是真实存在的事物，而不是可能存在的事物。

这一观点进一步向我们佐证了：我们用理式哲学思维思考事物得到的结论，与我们用摄影机机制思考事物得到的结论是相同的。这是因为从这一观点中我们可以知道：理式哲学家们将形式视为构成变化的基本要素，他们将那些可以从形式中观察到的东西，看作是运动中含有的固定不变的事物。这一观点与我们用摄影的思维方式思考变化所得出的结论相同。如果我们不是用摄影机的方式，而是在绝对运动中观察事物。我们就能从中找到事务中含有的普遍规律。此时形式对我们而言，仅仅是这种普遍规律的外在呈现。它原本是存在于时间这个运动的进程中的瞬间，是具备真实性的。但是当我们将这些形式从时间中分离出来，单独对它们进行观察，它就从一个真实的事物变成了一种可能存在的设想。我们认为这种设想通常情况下，符合我们的智力对现实的思考与判断，但是它与现实事物并不是同一的。

5. 与空间扩展性相关的理式概念

事实上这一观点不仅可以向我们证明理式哲学思维和摄影机制思维的相关性，还引出了另外一个理式概念，这个概念与空间扩展性密切相关，接下来我们就对这个概念进行一个详细的介绍。

如果我们有一个从运动变化的角度对事物进行思考的大脑，我们就会发现：现实中的每一种形式都是我们用自己的思维在绝对运动中分离出来的瞬间，且当这种瞬间被分离出来的时候，它就产生了扩展性。这种扩展性能令这种真实的存在变为一种材料，因此它与形式是共存的。在这种情况下我们既能从空间中找到形式也能从时间中找到形式。

但理式哲学并不是从运动变化的角度对事物进行思考，它从静态的形式中寻找事物的本质特征，认为这种形式并不是一种短暂存在的瞬间，而是一种永恒的存在。在这种看法的影响下，理式哲学家们就忽视了运动和变化的本质和意义，而仅仅将它们视为一种低级的形式。在这种情况下，形式就不再是一种真实的存在。它变成了一种在人们设想中存在的，被人们的思维抽象出的一种概念。此时我们无法在时间和空间中发现形式，它脱离了时间和空间的束缚游离于它们之外。为此古代哲学家们认为：空间的起源和它所具有的价值与时间是相同的。空间的扩展性和时间的反扩展性从本质上来说都是与存在密切相关的，只不过我们从空间扩展性中观察到的是实际的存在，从时间扩展性中观察到的是设想中的存在。因此时间和空间实际上是那些残缺的现实，补全自身所必需的场。哲学家们承认这种场并不是天然存在的，它是残缺的现实在补全自己的过程中创造出来的。

如果我们让一个点，以它当前存在的位置为起点不停地摆动，那么摆动的瞬间就会形成相应的时间和空间。我们可以通过这种由摆的运动得到的时间和空间观察这个摆运动的位置，和它的起始位置之间的距离。当我们将这个摆放回它开始运动的位置时，与这个摆有关的时间、运动、空间就统一为一个数学意义上的、纯粹的点。我们的推理正是以此为前提，才能形成一个没有尽头的链条。然而这种链条一旦出现就会被我们的感觉器官感觉到的现实存在而淹没。之所以会出现这种情况，是因为我们的思维在空间领域进行的推理所得出的结论只是一种符合我们思维方式的一种设想，而在时间领域进行的推理得出了真实存在的事物。

正是由于我们对一个事物的设想与这个事物的真实存在不相符，所以这个事物迟迟无法恢复自身的理式性。它们永远都在马上要恢复自身理式性的时候，回到开始恢复自身时的状态。要理解这一点，你可以想象一下西绪福斯（Sisyphus）将巨石推向山顶的整个过程。这个恢复到原有状态的规律，能通过投射的方式让试图恢复自身的形式出现在时间和空间里，此时这种形式表现出的是自身的永久缺憾性。明月的盈而复亏，有机体的新陈代谢都能体现出这种性质。事实上这种缺憾性永远不可能消失，因为材料正是立足于事物的不完满之中。如果我们让一切事物都能达到圆满，让事物自身具有的缺憾性消失，那么时间和空间也就不复存在了。也就是说我们永远都无法通过取消事物的运动，使事物永远处在平衡之中。如果我们否认了绝对运动，那么存在于绝对运动中的事物，就会从一个真实的事物变成一个单纯的、不具备任何现实意义的形式。而我们不断进行的时间历程，也会被当成是一个个静止的瞬间。

事实上所有的理式哲学观点，都是以我们所说的这种情况作为存在基础的。这些观点与我们思维中固有的观点一样，都认为“静态事物与动态事物数量的多少，取决于固定性和变化性的多少”。换句话说，如果在我们的现实生活中发现的固定性要多于变化性，那么我们就可以说“现实中存在的静态事物要多于动态的事物”，而那些成体系的理式逻辑思维正是因为观念的下降和拆分，才从一个整体变成了众多较为分散的思想观念，并且被具体的事物表现出来。

我们可以通过一个具体的例子来说明这两点。我们知道我们写诗的灵感，是来源于我们对事物的想象。当我们将这些想象诉诸笔端，用不同的词汇表达它们时，这些想象就被具体化了。此时我们就可以说我们的观念下降了。当构成这种观念的所有想象都从这种观念中脱离出来，进入了具体的词汇，那么这些词汇就会试图重新展示这种观念。这一点凭借我们的感觉器官是做不到的，因为我们不能凭借感觉器官察觉到这些词汇之间的联系。但是只要我们的大脑参与其中，我们就能够做到这一点。这是因为我们大脑中的思维具备跳跃性和连续性，它可以由词汇联想到一种形象，然后从这些形象中抽象出观念。需要注意的是：此时的观念已经从灵感这种偶然得到的观念，变成了经得起我们的逻辑思维推敲的理式观念。

事实上这种形成理式观念的方式不仅可以应用在诗歌观念上，还可以应用在事物具有的普遍规律上。那些出现在我们生活中的事物，都是按照那种低级的、具有偶然性的逻辑原则安排的顺序出现在我们眼前的。这种原则实际上是从一个比较完整的逻辑体系中下降到空间和时间里的。也就是说，它实际上是从一个完整的概念变成了一种能够被人们察觉却无法描述的存在，而哲学家们则可以将它重新变成一种完整的概念。即我们能用一个逻辑概念来概括物理学中的所有现实存在，我们的智力会从固定的理式系统中对具有真实性的事物进行把握，因此材料不能阻碍我们重建这种概念。

也就是说，只要我们保证：智力不会因为与作用对象分离而偏离正确的位置，我们就可以通过智力得到完整的、经得起现实验证的科学。因此我们能够得出这样的结论："科学的创造者是自然，我们可以通过我们的智力来发现科学，但是不能用智力去创造科学。"

6. 永恒不变的事物——理式哲学家眼中的变化源头

之所以我们将科学视作独立存在的、不受任何事物所影响的是因为科学从本质上来说是一种形式，如果我们说理式的存在是以外在的某一事物为基础的、将形式视为变化的具体呈现，那么形式永远只能是我们头脑中的一种设想，不能成为一种真实的存在，在这种情况下理式就不具备任何的现实意义了。哲学家们不可能做出这样自相矛盾的假设，因此他们宣称，理式的存在不需要借助任何外物的力量。亚里士多德曾经试图以理式无法独立存在为前提否定理式的独立性，却发现我们的运动来源于固定性的不断降低，如果我们销毁了现实生活中真实存在的固定性，我们的运动就会消失。与之相对，我们无法感知外在的环境。

为此亚里士多德改变了自己的做法，他创造了一种新的理式，并将它看作是原有理式的成因。在他的眼中这种理式实际上是存在于人们大脑深处的、不能被人们轻易察觉的一种意识。这种意识并不是分散的，而是完整的，但是人们的智力无法一次性将它重新表现出来。

实际上我们完全可以从亚里士多德提出的这个观点中，找到理式哲学中包含的特殊概念。这个概念对我们研究人类的起源有非常重要的意义。下面我们就来详细地介绍一下这些特殊概念。第一个概念是“在宇宙中有许多运动是以达到神所要求的完善为目的的”，第二个概念与第一个概念紧密相连，他提出“运动以达到神要求的完善为目的，是因为神接触了平凡世间的事物”。第三个概念是指：如果我们认同一个事物的存在，就相当于我们认同了在这个事物与无之间的所有事物的存在。举个例子，如果我们想证明十这个数字是真实存在的，那么我们必须先证明从一到九这几个数字的真实性。我们将这个概念视为前两个概念存在的基础，因为只有这个概念才能解释为什么宇宙中存在着各种不同的事物。

如果我们将这三种概念联系起来思考，我们就能得出这样的结论：世界上存在着一种有神（或者是精神力）创造出的、完善的状态，此外乌有这种状态也是能够被想象的。在这种情况下我们可以说“在完善的事物和乌有之间存在着许多的事物，这些事物并不是一般无二的，我们可以根据这些事物与完善之间的差距将这些事物划分为不同的等级”。

古希腊哲学家们从这个结论中，分析出了运动永久性的来源。他们认为世间万物的存在，都是以神的存在为前提的；我们的运动，都是为了使事物达到神创造出的完善的状态；而事物永远都不可能达到这种完善的状态，因此运动就具有了永恒性。换句话说，运动之所以具有永恒性，是因为运动所追求的完善的状态是永恒存在的。

不可否认这种结论是在多种因素的影响下产生的，我们可以从智力、生物学、物理学、文学、宗教等多个方面，说明这个结论的合理性。其中智力方面的原因，是我们做出这个结论的根本原因。如果我们将这个结论视作一间富丽堂皇的屋子，那么生物学、物理学、文学这些非智力方面的因素只能作为这间房屋的装饰和点缀，智力上的因素则是这间屋子的支柱。

那么这种智力方面的因素究竟指的是什么呢？它又是怎样让我们产生了这个与运动永恒性相关的结论呢？哲学家们认为这个因素指的是智力上的形而上学。所谓智力上的形而上学是指：我们思考一个问题时，往往忽视了事物的绝对运动性，只从事物的静态瞬间对事物进行思考。换句话说，我们的思维会本能性地用静态的形式代替连续的动态变化。此时在我们的眼中，变化是由具体的形式和事物都具有的一般变化构成的。我们的语言也同样将变化这个整体分成形式和一般变化这两个部分。我们只能通过语言来表达变化的形式，却无法用它来描述事物具有的普遍变化。

在这种情况下，从人类固有思维方式和语言表达方式对事物进行思考的理式哲学，只能以“变化由形式和普遍变化构成”这个结论为基础，对变化进行分析和界定。因此当他们思考存在究竟是如何产生的这个问题时，他们会得出这样的结论：存在是由静态的形式和运动这两者构成的。当他们依据这个结论深入地分析形式和运动性时，他们会发现：形式处于那些能够被我们察觉的存在中，我们能够将这些形式从存在中分离出来，变为一个个完整的概念，且这些概念能够被整合为一个概念：我们能够获得由神创造出的完善。而运动性则是无迹可寻的。哲学家们认为：这种运动性已经被非存在 (non-being) 给吞没了，由此他们得出结论“非存在与理式系统一样是真实存在的。”为了自圆其说，证明这一观点的真实性，理式哲学家们提出用形而上学中提到的非具体的必然性，对我们能够察觉到的世界进行重构。他们认为，只有承认“零”和“全部”转化的可能性，才能证实各个事物之间存在着等级差距。为此，要证明这些等级差距的存在，我们就必须将这种差距与事物想要达到的完善进行比较。这是因为，任何一个较低等级中存在的现实，都是由上一个等级中存在的现实缩减而来的。如果我们从智力的角度看待这个问题，我们会发现：我们从某种现实中察觉到的其他现实没有的东西，会对这种现实进行否定，这种否定往往会通过某种普遍的属性表现出来。也就是说，如果我们不断的降低事物的等级，那么，我们从事物中得到的性质也就越来越特殊。举个例子，我们在人类身上发现的性质，比我们在猩猩身上发现的性质更具普遍性。哲学家们可以任意的想象低级事物中可能存在的性质，因为他们正是凭借着特殊的属性将缩减的现实与世界的一部分对应起来，在这种对应中，存在着一个由相互包含的概念构成的系统。这个系统实际上就是科学，与我们能察觉到的事物相比，它的真实性更高。我们可以将它看作亚里士多德提到的“神”，也就是说它就是世间万物希望达到的那种“完善”，除非它自动自发地下降至事物中，否则任何事物都只是模仿而不能成为它。为此古代的哲学家们得出结论：运动之所以能够产生，是因为在世间存在着一种永恒不变的事物。

8

Section

近现代哲学：与古代哲学密切相关的哲学

我们知道古代的理式哲学家成功地的让人们摆脱了一部分错误的运动理论的困扰，但这并不意味着理式哲学家们提出的所有哲学理论都是正确的。在这些哲学理论中有很多并不具备真实性。现代哲学家们认识到了这一点，因此他们试图否定古代哲学家们提出的哲学理论并创造出正确的与古代哲学截然不同的现代哲学，但是在科学的本质、人们的摄影机制思维、形而上学观念这三个因素的影响下现代哲学家们未能达成所愿，他们创造出的现代哲学实际上仍是古代哲学的回归。也就是说，哲学家康德等人创造出的现代哲学仍然不能正确地认识运动与变化。值得庆幸的是，在19世纪下半叶哲学家斯宾塞提出进化论观点，尽管这一观点尚有许多不足之处，但是这一观点提出的研究方向是正确的。也就是说，我们只需要对斯宾塞提出的研究方法进行恰当的改进，我们就能对事物的运动和进化有一个正确的认识。

1.古代科学与现代科学的异同

我们知道现代哲学一直试图提出与古代哲学截然不同的哲学理论，但是它始终未能做到这一点。机械论哲学提出的哲学观点与古代哲学提出的理论观点大同小异。那么究竟为什么会出现这种情况呢？我们认为，这是因为不论是现代科学还是古代科学，它们的运作方式都与摄像机的运作方式一般无二。

那么为什么现代科学与古代科学都必须使用摄像机机制的运作方法呢？通过研究发现这是由于科学的本质对它们的制约。我们知道，科学的本质是通过处理表记来分析真实事物的性质，而这种表记与符号一样，需要用静态的形式代表现实生活中某一个固定的场景。这就使得表记能用我们创造出的具体形式来代替事物在运动中表现出的连续性。以此来保证头脑会为了探索运动的本质不断地尝试创新。从科学的手段来看，表记的这个作用是有好处的，我们可以通过自身创造出的具体形式更加轻易地了解运动的连续性。但是从科学的目的来看，科学的本质会对科学目的的达成产生阻碍。我们知道，科学的目的是证实自身的实用性。要做到这一点它必须让自己的节奏与运动的节奏保持一致，确保它作为一种理论时能对正在进行的行为产生恰当的影响。但是在表记的作用下科学对运动瞬间发生的情况漠不关心，它只关心瞬间开始和结束时运动所呈现出的状态。这时摄影机制的思维就自然而然地出现在科学上，与之相对的，科学无法独立地证明自身的实用性。

既然我们已经提到了古代科学与现代科学的共同点，那么接下来就让

我们详细地介绍一下，古代科学与现代科学究竟有哪些不同之处。

我们可以将古代科学与现代科学的不同分为三类，即程度上的区别、数量上的区别、基本区别。这三种区别是层层递进的，也就是说：古代与现代科学的区别产生的顺序是基本区别、数量区别、程度区别。（后者以前者的存在作为自身存在的基础）而我们察觉到这些区别的顺序则恰恰与之相反。我们往往是先察觉到程度上的区别，再察觉到数量上的区别，最后才能察觉到这两者的基本区别。为此，我们将按照自身的察觉顺序讲述古代科学与现代科学的区别，并且探讨这些区别之间的关系。

首先我们先来介绍一下程度区别，所谓的程序区别，就是指现代科学与古代科学对待时间时所表现的不同。要分析这个不同，我们必须先介绍古代科学与现代科学对待变化的不同态度。古代科学家们认为，他们已经充分了解了变化的整个过程，实际上他了解的仅仅是变化中出现的某些静态瞬间。而现代科学则是利用观察到的瞬间，分析变化具有的种种特征。也就是说，古代科学是将部分视作整体，而现代科学则试图利用部分来分析整体。

举例来说，亚里士多德认为，自由落体运动，是一个圆形实体从一个位置向下方某一个固定位置转移的运动。我们可以将它出发的位置与它停止的位置看作一个瞬间，并且用语言将这个瞬间描述出来。伽利略则认为：在自由落体的运动中并不存在任何静止的、可以被人们观察的瞬间。我们要真正了解自由落体运动，就必须记录下在运动中的每一个瞬间，运动的球体所处的位置。

通过这两位哲学家对自由落体的不同观点，我们可以察觉到，古代科学与现代科学对时间的不同看法。对于现代哲学家们来说时间是不能分割的，没有任何一个瞬间能够拥有具体的表现形式，由此他们得出结论：我们要想了解一个变化，必须对这个变化中的每一个瞬间都了如指掌。而古代科学家们则认为时间是可以被分割的，且我们分割出的时间片段的数量取决于我们在时间进程中察觉到的连续事物的数量。此外古代科学家们认为，我们可以按照一定的标准在时间中画出比较明显的边界线，以此将时间划分成不同的阶段。为此他们得出结论：一个事物只能被界定一次，如果我们强行将一个事物进行多次界定，那就相当于我们将这个事物分离成了众多的事物。毫无疑问的是，这些被划分出来的事物，其范围一定小于原本的事物。

显而易见，这两种认识的区别是非常明显的。令我们疑惑的是，这两种认识明明争论的是时间和事物数量上的差别，为何我们将其说成是程度上的区别呢？这是因为这种认识的区别实际上反映出了现代科学与古代科学在准确度上的不同要求。这就好比两个人画马，前者画出的是马跃起、狂奔、停止的每一个瞬间表现出的情态，后者只着意描画马运动结束停留在某一地时流露出的神态。二者从根本上来说都是对瞬间的记录，但显而易见前者可以令我们对马有更加深刻的认识，这个结论同样可以适用于其他的事物。

我们知道数量区别与程度区别是密切相关的，甚至可以说没有程度区别就不存在数量区别。既然我们已经详细地分析了程度区别，那么接下来我们就来分析一下数量区别。我们知道古代科学家们习惯于站在绝对运动的宏观角度思考阶段，他们将阶段视为一种纯粹的静态形式，忽视阶段中含有的瞬间。因此对他们而言，绝对运动中提及的数量，实际上就指的是形式的数量。现代科学家则不认同这一点，他们不将阶段看作静态的形式，而是将它们看作一个由瞬间构成的整体。为此他们对瞬间中含有的东西进行研究。在这种情况下，瞬间更替时产生的种种变化就从性质上的变化变成了数量上的变化。这种变化既有可能发生在研究对象这个整体上，也有可能发生在研究对象的构成部分上。由此我们说现代科学家眼中的数量既

有可能是形式的数量也可能是瞬间的数量。这种数量与古代科学家眼中的数量是有区别的。

由于古代科学家与现代科学家在什么是数量这个问题上有分歧，他们研究事物的方法是不同的。古代科学家通过界定事物，对不同的事物进行研究。现代科学家们则试图从数量的固定关系出发对事物进行研究。需要注意的是，这种方法上的区别，并不是我们说的古代科学与现代科学的根本区别。之所以这样说是因为古代科学家们也曾设想过从数量的固定关系出发对事物进行研究。举例来说，阿基米德原理就是通过揭露浮力、体积、浓度这三个数量之间的固定关系，对事物进行研究的。

那么现代科学与古代科学的根本区别究竟体现在什么地方呢？实际上这种区别仍然体现在他们对时间的看法上。古代科学对现实存在进行研究时，会将那些在研究中发现的变化，割裂成众多静态的形式进行研究。因此在古代科学家的眼中时间并不是让事物产生变化的因素。也就是说他们不会从时间入手研究事物的变化。现代科学家则恰恰相反，他们会根据事物之间固定不变的时间关系，把握事物的性质。举个例子，在古代科学家的眼中各种图形都是固定不变的，但在现代科学家的眼中图形是一个点进行直线运动时，在自己经过的位置上留下的轨迹。运动是绝对的按一定规律进行的，因此我们可以用图形的横坐标来代表时间。在这种情况下，如果我们需要把这个点在每个运动瞬间所处的位置都记录下来，也就是说，我们要将这个点走过的路程，与这个点走这段路程所用的时间联系起来，才能判断这个图形究竟是一个什么样的图形。这一点就是现代科学与古代科学最根本的区别。

在具体介绍了现代科学与古代科学的区别后，我们可以得出这样的结论：现代科学与古代科学的区别主要表现在：现代科学将时间作为研究事物的重要变量，而古代科学则完全忽视了时间在事物中起到的重要作用。

2. 现代科学领域中时间的含义

我们已经知道，在现代科学家的眼中，时间会对事物的发展变化产生非常重要的影响，换句话说，我们必须在时间进程中把握事物变化发展的相关性质。要做到这一点我们必须先了解以下三个问题，即现代科学领域内的时间究竟有怎样的含义？现代科学领域内的时间有怎样的局限性？这种局限性带来的后果是什么？

我们知道，科学的运作方式与思维的运作方式是相同的。在这种情况下科学和思维一样，受制于摄影机运作方式，无法从绝对运动的角度把握变化。它往往通过静态的瞬间对运动进行把握。

诚然与古代科学相比现代科学是进步的，然而这种进步只体现在：将研究变化的关键点从所谓的基础瞬间，变成了任意一个可查的瞬间。也就是说，现代科学与古代科学一样，无法从绝对运动的角度把握时间。在现代科学家的眼中，时间是一个非动态的观念。

如果我们从绝对运动的角度看待时间我们就会发现：时间是某一个对象在特定轨迹上做出的运动，且这种运动的运动速度是固定不变的。举个例子，若我们将运动分成若干个相同的部分，用 A1、A2、A3……来表示处在这些部分起始和终止位置的点，那么当运动体经过某个点的时候，我们就可以说：这个点所代表的时间已经成为过去。也就是说，如果我们将时间看作是流动而非静止的，那么一个位置点上的时间就代表着运动体经过这个位置时宇宙的状况。

然而，在我们的意识中，这一假设是不成立的。这是因为能够被我们的大脑察觉的不是整个的运动过程，而是处在运动当中的数个端点。我们可以按照自己的意愿，对相邻两个端点之间运动流程进行划分，但事实并非如此，我们的行动只会对运动体所处的位置产生影响。我们对端点间隔进行分割得到的是无法在现实中存在的运动体起止点。我们的大脑会根据这些虚构的起止点对时间进行定义，因此真实的时间对我们而言就是一个与运动体所在位置相关的数字。也就是说我们眼中的时间是不具备任何流动性的。

我们之所以能够得出这个结论，是因为我们通常会有这样的想法：在我们对一个运动进行思考时，我们可以任意更改这个运动进程的运动速度，且当我们的知觉器官察觉到的事物达到一定量的时候，我们能凭借这些事物了解到宇宙中发生的任意一种变化。

我们已经说过科学和思维一样受制于摄影机式的运作方式，在这种情况下科学与我们的思维一样将时间视为静止而非流动的。这就会导致科学忽视事物的连续性。之所以这样说是因为既然时间是流动的，那么事物就有可能一次性完整地出现在人们眼前。此外我们能够在同一时刻在空间中找到宇宙的过去、现在甚至是未来。在这种情况下事物发展进程中存在的那些瞬间与时间具有相关性，此时时间与空间是交融在一起的，那些在运动进程中顺次出现的事物会组合成一个复杂的事物，然而将时间视作是静态的科学并不能意识到这一点，科学家们认为已经出现的事物是固定的不会发生任何改变的。在这种情况下我们就可以得出结论，科学家忽视了事物自身具有的连续性。

尽管科学与我们的思维面对一个事情时往往会忽视它的连续性，但是事物的连续性不会因此而消失。也就是说一个事物的发展过程不会因为人们的好恶而改变。一般情况下物理学家们只关注一个进程中含有的事物的数量，对事物具有的性质特征则不感兴趣。正是在这个前提下我们才能在同一时刻在空间中找到所有具有连续性的事物。而科学在发展的过程中往往漠视时间间隔中含有的事物。也就是说在物理学和科学的领域时间间隔中的单位本身并没有多大的意义。但对人类而言却并非如此，时间的间隔是我们生存的基础。我们始终处于一定的时间间隔当中，因此我们对间隔中的事物分外在意。在这种情况下我们会将设想出的时间间隔当成是真实存在的。

我们可以举个例子更加形象地说明我们与物理学对待时间间隔的差别，在物理学家们看来白糖在水中溶化这个过程只是暂时存在的，也就是说这个过程是会结束的。因为我们可以将这个过程看作是由一定量的时间单位组合而成的，且这些时间单位都是固定不变的。但对我们来说糖溶入水中这个过程是永远都不会终止的，这是因为在我们的内心深处有糖溶入水中这个渴望，如果这个渴望得不到满足，我们就会认为糖溶入水中这个过程永远都不会结束（尽管这个过程在现实的生活中已经结束了）。

那么究竟是什么让我们产生了渴望，在心理将本该结束的过程无限的拉长呢？换句话说为什么事物一定要经历进化发展的过程才能呈现出最终的完满状态呢？我们可以从两个不同的角度说明这个问题。从时间进程上来看，未来是在当前结束后才会出现，且我们永远不能未卜先知，在我们所处的当下判断未来事物会发生怎样的变化。从连续的进程中含有的事物来看，一个不间断的过程不只代表着一个数字。这个进程对我们而言是有价值的，它会对我们的现实生活产生影响，这就意味着在这个进程中会不断地有对我们的生活有利的新事物出现。这种新事物并不是出现在人工创造出的环境之中，它存在于所有环境构成的可察整体中。这也就是说在任意一个进程中都存在着具有更新功能的进程，它会使某一运动进程中的事物不断地发生改变，在这种情况下事物不可能在刚一问世时就呈现出最适合当前现实的状态，我们也无法预测在属于未来的下一刻事物的形态会变成什么样子。举个例子，一个作家对某一件事物进行描写，尽管我们非常熟悉这个作家的写作风格，也很了解作家所描写的这个事物。我们仍然无法预测这篇文章的具体内容。在这种情况下推断这篇文章的行为就会一直持续下去。不只是作家的作品无法被预测被大自然创造出的世间万物也是无法预测的。这是因为事物具有连续性，在这种连续性的影响下一个被组合而成的事物不是其他事物的简单叠加，换句话说组成这一事物的那些简单事物在成为这一事物的组成部分时它们自身的性质就发生了改变。

通过一系列的解释说明，我们知道：我们无法在当下对未来的种种事物呈现的形态进行预测。然而由于忽视了事务的连续性，科学与我们的头脑会得出这样的结论：事物在当前的运动过程中呈现出的状态，与事物在尚未进行的运动过程中呈现出的状态，没有太大的区别。这也就使得我们不能随着时间的推移和运动的进行及时改变我们对待事物的方法，更好地适应自己所处的环境。

3. 形而上学概念的产生过程

我们已经简单的了解过现代科学在时间认识上的局限性，以及这种局限性造成的对事物的错误认识。接下来我们就来了解一下，在这两种错误的影响下，产生的现代科学概念——形而上学概念。

我们知道在运动的进程中时间的流逝意味着事物的创新或升级，然而在摄影机运作方式的影响下忽视了事物连续性的现代科学无法将时间的流逝与新事物的产生联系起来。它只能统计，作为时间组成部分的种种事件，与处在运动当中的对象在轨道上停留的位置之间有多少的共时性。这是因为物理学会将构成时间的种种事件从完整的时间进程中分离出来，并且分析这些事物的共性，而完整的时间进程会不断地对这些事物施加影响，令他们不断地呈现出新的形式。在这种情况下物理学能够得到的仅仅是事物的系统或这一具体事物本身。无法获得这种事物与时间之间的联系。

在这种状况下一种能够获得时间与事物联系的知识就应运而生了，这种知识力图使我们的大脑摆脱摄影机式运作方式带来的影响，将思考的重心从变化的起始形式和最终形式转移到变化这个过程本身。也就是说，我们不会在思考这类问题：运动体最终会停止在何处，一个事物在变化中呈现出的形态是什么样子的？我们所说的物理学知识对我们来说是有益的，它能根据事物的发展系统推测出事物进一步的发展方向使我们在一定程度上能够掌控事物，左右事物的发展。但是我们用这种知识得到的真实，并不是当下正在发生的真实，而是过去的真实。也就是说这种知识并不能对我们正在经历的现实进行表达，它所做的，实际上是赋予对过去来说真实存在的事物发展规律具体的外在形象。并且将这种外在形象转移到我们的头脑中去。也就是说我们不能凭借第一种知识，对正在经历的现实存在进行把握。第二种知识不能帮我们左右处在现实当中的事物，因为它试图遏止在智力中存在的某些与生俱来的渴望。很多人因此忽视了这种知识，认为它是无关紧要的。但事实并非如此，这种知识，可以帮我们摆脱摄影机运作方式的制约，让我们能成功地对我们此刻面对的现实存在进行把握。也就是说，如果我们恰当地运用这种知识，那么我们不仅可以用智力进行实践活动获得各种知识，还能对智力无法把握的真实以及处在流动中的真实进行把握。之所以我们能做到这一点是因为运动就意味着新事物的产生。而那些被创造出来的事物之所以没有消失是因为新事物的产生是以这些旧事物的存在为基础的，这就让事物具有的连续性成为无可辩驳的事实。我们的智力，也必然会受到大脑所提供的直觉的影响。在这种情况下能将事物与时间进程联系起来的知识自然而然的可以帮助我们把握眼前的真实存在。

那么我们应该如何划定这种知识呢？通过考虑，我们认为，现代科学所提出的第二种知识实际上是际形而上学的知识。

现代科学所提出的形而上学的知识与古代科学提出的形而上学的知识是不同的。对古人来说：绵延中展现的事物，是经过缩减的事物的静态本质。我们只要把握了静态本质就等同于把握了事物的绵延。因此从理论上来说，时间没有任何的意义。而变化这种现象存在的唯一目的，就是创造出一种能证明自身存在的形式。我们观察到的变化过程，就是创造出这个形式的过程。很明显这将会是一个永远无法停止的过程。为此古代科学家们说“只有变化而没有材料的形式是无法想象的”。然而通过观察我们发现：如果某一个对象在任意一个基本瞬间，恰好处在最高的变化等级，那么这种对象就具备了可以被我们察觉的具体形式。科学所掌握的正是这种可以被察觉分析的形式。毫无疑问我们能够在这种形式中发现变化。

但是倘若我们不将时间进程中包含的瞬间进行分级，那么就没有所谓的基本瞬间。同理，瞬间的起点和终点也不复存在。此时变化不再是事物本质缩减后得到的产物，绵延也不再是被稀释后的永恒，处于绝对运动中的时间就是我们孜孜以求的现实。我们研究的事物都是动态的事物，显然我们无法全面的了解流动着的事物。在这种情况下科学必须将形而上学的知识融入自己的知识体系，以求弥补自己的不足。古代科学认为变化是我们将永恒缩减后得到的产物，但融入了形而上学知识的现代科学认为，处在时间进程中的种种事物是绝对运动的，且这种运动是积极的对事物有利的。换句话说，处在时间进程中的事物，持续不断地进行自身的完善和升级。由此我们可以得出结论：形而上学的知识能帮助现代科学认识到事物的连续性和流动性。

要注意的是，现代科学中所包含的形而上学，与古代科学中包含的形而上学是不同的。古代科学中的形而上学是零散的、不成体系的，现代的形而上学则形成了一个完备的知识体系。毫无疑问，这种成体系的知识，比零散的知识片段更有利于现代科学的发展。但是这并不意味着形而上学的知识一定能帮助现代科学正确地认识事物和时间具有的性质。要知道科学的研究对象是绝对运动中的静态瞬间，形而上学的研究对象则是绝对运动本身。因此形而上学与科学不只有互补的一面，还有互斥的一面。在这种情况下，难免会出现两种不同方向的形而上学。

一种形而上学认为自然科学的知识是一次性给定的，且这种知识不管存在了多久，都与刚出现时毫无差别。这种观点使自然科学承认了事物与时间的流动性。另一种形而上学的知识则与物理学一样将各种事物从时间进程中分离出来并对它们进行抽象总结，这使得它得出结论；所有事物在没有出现之前就能够被预知；时间是一个单纯的静态形式，它既不能创造事物也不能改变事物。这两种不同方向的形而上学使得现代哲学向古代哲学回归。

4. 形而上学造成的古代科学与现代科学的相关性

我们已经提到过，两种不同方向的形而上学会使现代哲学向古代哲学回归。那么这两种形而上学究竟是如何做到这一点的呢？新哲学与旧哲学究竟有怎样的关系呢？下面我们会对这一点做出详细的介绍。我们可以从笛卡尔的机械论哲学中得出这样的结论：如果我们将第一种形而上学的观点引入哲学，这种哲学会否认所有绝对运动的存在，将宇宙中的一切事物看作是可以预知的。如果我们将第二种形而上学的观念引入哲学当中，哲学就会肯定绝对运动的存在，并且将绝对运动中产生的创新看作是持续进行的创新，此时宇宙的未来就会变成不可预知的。我们最多只能做到，在过去出现的事物当中找到新事物存在的合理性。

现代哲学选择将第一种形而上学纳入自己的知识体系当中，毫无疑问思维的摄影机运作方式对这个选择产生了极大的影响。正是因为第一种形而上学的知识能够顺应我们的思考方向，所以哲学才不得不认同这种形而上学的知识，但这并不是现代哲学做出这个选择的唯一理由。

古希腊的哲学家创造出的艺术性的、不能用我们的感觉来形容的那种真实存在也对现代科学的选择产生了无法忽视的影响。一旦我们试图将形而上学变为一种成体系的科学，我们就会被这种真实存在吸引到古代哲学的运行轨道上去。斯宾诺莎和莱布尼茨的哲学可以证明我们的观点，尽管在他们的哲学中已经产生了古代哲学所不具备的对直觉的思考和接纳。但是当我们对构成这种哲学的基本框架进行研究时，我们就会发现他们的哲学是以古代形而上学为基础的。我们可以对这个结论做出更加详细的说明。

如果我们从物理学的角度看待现代科学，我们就会发现：现代科学实际上就是一个系统，这个系统能将各个材料点从空间中分离出来。它能帮助我们在某一个特定的瞬间确定材料点所在的位置，还能帮助我们预测这个材料点未来所在的位置。除此之外，这种科学会将那些能够让预测变为现实的条件看作是真实的存在。这一观点是非常有价值的。这是因为，我们能从这个设想中得到一个与研究方法有关的规则。这个规则是：如果我们拥有了一种可以应用在实践上的研究工具，那么在我们使用这种工具时，我们就会不断地减少这个工具本身所具有的无数的实用性。因为，那些不能帮助我们达到目标的实用性，并不被我们所需要。

正是现代科学的益处，使得科学家们对现代科学出现的可能进行假设。除此之外，哲学家们还尝试用我们提到的方法规则作为事物发展的基础原则，以此来探究事物所具有的性质。为此哲学家们做出假设：物理学已经形成了可以对整个世界进行把握的完备知识体系。以这个假设为前提，哲学家们得出这样的结论：宇宙实际上是一个系统，这个系统是由无数个位置能够被预测的点构成的。这个结论实际上就是普遍的机械论。只得出这个理论对我们来说是远远不够的，哲学家们建立了一个能够证明机械论存在的完整理论体系。他们认为处在宇宙中的点并不是毫无联系的，它们实际上是相互联系、互为依托的。为此我们必须从一个完整而具体的理论中寻找我们提出的机械理论存在的依据。因此我们要将所有在时间和空间中存在的具有连续性的事物，都纳入这个具体完整的原理当中。在这种情况下我们会发现所有真实存在都不是一点点发展形成的，它们始终保持着刚刚出现时的性质和形态。正是真实存在所具有的不可分割性，使得空间中存在的具有连续性的具体形态，能够相互影响，甚至决定彼此的最终呈现。处在时间进程中的相互联系的事物所拥有的固定性不能对空间中的事物形态产生影响，它只能用来证明，抽象的现实存在是永远不可能消失的。

新哲学对事物形态拥有连续性这个问题做出的解释恰恰证明了“新哲学最终仍然会回归旧哲学”这个结论的正确性。我们甚至可以说新哲学实际上是更换了具体表现形式的旧哲学。我们可以具体地说明这个问题，我们知道古代哲学已经提出过变化的存在，它们将各种变化视为当下能够察觉到的，而不是未知的。此外古代哲学用神或是理式，来表现最高级的变化程度。而通过哲学对事物连续性成因的说明使得我们知道：新哲学同样承认了变化的存在，它们总结出了众多的变化原则，并提出了所谓的整一性，用这种整一性代替古代哲学的神，呈现最高程度的变化。也就是说现代哲学的观点与古代哲学的观点在很大程度上是相同的。正是因为这个原因，所以我们说，新哲学的本质与旧哲学的本质是相同的，我们可以将新哲学视为换了形式的旧哲学。

5. 现代哲学回归到古代哲学的历程

我们曾提到过，现代哲学会向古代哲学回归。如果我们简单地从古代哲学与现代哲学的关系上看待这个问题，我们会认为，现代哲学最终回归到古代哲学中是理所当然的、轻而易举的。然而事实却并非如此。下面我们就来介绍一下为何现代哲学最终会回归到古代哲学。

古代哲学家们从众多具体的哲学概念中抽象出一个具有普遍性的哲学概念。此举让他们能够掌握那些具有真实性的整体。因为我们假设：被抽象出的各种概念可以用来表现那些在现实中存在的事物。此外，这个概念中内含着一些能够确证自身存在的内容。但是在一般情况下，我们只能用一种规律展现出某一种特定的相关性。我们可以更加形象地说明这个问题：物理学领域的相关规律，只能用来揭示某一个事物发生的量变，不能够用来表示质变。在这种情况下，如果现代科学家用总结出的种种规律对物理学进行研究，那么他们就会认为，我们得出的所有物理学结论都是以同一个观点作为理论依据的。在这种情况下，他们会将全部的注意力集中在那个深层次的、能够解释一切物理现象的观点上，忽视他们在生活中察觉到的具体物理现象，甚至忽视我们自身的知觉能力。从表面上看，我们从具体的物理现象和自身的知觉中得到的，只是现实存在中一个不完整的片段。事实却并非如此，我们知道现代科学将现实存在分为量和质这两部分，我们通过计算真实存在的事物得到了量，通过计算没有具体形式的心理得到了质。而古代科学则从来没有对“质”“量”、心灵与肉体进行过划分。古代科学家们认为数学概念与其他的概念是紧密相连的，这些相连的概念就像亚里士多德在理式哲学中提过的那样会划分出众多的等级。如果能够被我们察觉的生命体中所具有的精神性比我们的意识中含有的精神性少，那么我们就可以得出结论：客观存在性比我们的身体中含有的客观存在性少。

我们完全可以做到将这两种被分离的性质重新联系起来。但是古人们忽视了一点，在这种情况下以获得从具体变化中抽象出的整一性为目的的形而上学，必须改变自身的做法，对意识与肉体结合而成的完整的真实存在进行理解，或者是选择忽视质与量之间的区别，用它们中的任意一个对另一个进行解释。之所以如此是受质与量精神性与实体性关系的影响。

如果我们用语言来形容这两种对应性质之间的关系，我们可以说他们是表达同一个意思的两种语言。如果我们不将这两者联系起来对现实进行思考，我们就无法得到完整的真实。为此现代科学家在切断了它们固有的联系之后，并没有像古人那样放任它们成为两不相关的性质，他们在这两者之间添加了一种人为的平行关系。所谓的平行关系就是将这两种性质之间的联系看成是它们的区别存在的基础，将一种性质看作是另一种性质的解释，不将它们视为互相排斥的性质。这种平行关系能成功地将思维意识与现实存在质变与量变、灵与肉这三对关系的对应变为现实。

我们可以用莱布尼茨和斯宾诺莎提出的哲学理论，详细地说明现代哲学中的平行关系究竟有什么样的含义。

斯宾诺莎认为从理论上来说这种平行关系的对象“思维”与“广度”的等级是相同的，为此我们可以将它们看作是对同一篇文章的不同翻译。也就是说尽管这两个对象的表达形式有所差别但它们表达的含义是相同的，且它们存在的唯一目的就是对需要被呈现的含义进行表达，正如几何图形与方程式是为了表达圆的性质而存在的。莱布尼茨则认为平行对象空间与思维（空间与广度的含义是相同的）存在着等级的差别，空间实际上就是思维的外在表现。且它并不能将思维完整的表达出来，因为它并不是在思维的召唤下产生的，它是人们为了满足“神是真实存在的”这个命题假设出来的条件。之所以满足这个命题必须要假设空间的存在是因为“神”代表着唯一的变化，空间则是我们肉眼可见的种种变化形式。由此我们得出结

论，莱布尼茨的哲学理论和斯宾诺莎的哲学理论的差异性表现在：前者将普遍的机械作用展现出的一部分现实看作是现实为人类准备的，后者则将其看作是现实为了满足自身的需要准备的。也就是说，他们都承认普遍的机械作用，认为所有的真实存在都处于完整的统一体即我们所说的神当中。在这种情况下他们要想通过神来观察事物，在永恒中探索时间的概念，所面临的困难，要比古代哲学家们做这件事面临的困难更大。这是因为古代哲学家们是通过压缩理式获得了神，而现代哲学家们想要得到神这个概念就必须对规律和关系进行压缩。我们知道关系不是孤立的，它存在于具有连续性的事物当中，这就导致有众多的关系形成的神不可能比当下存在的真实更加高级，然而我们设想的神既能够回归时间也能够超越时间。也就是说它既能回归到各种事物当中，也能够比任何一种现存的事物更加高级。

显而易见它们是无法共存的。在这种情况下现代哲学家们不得不牺牲掉成立可能性更小的一个假设：否定事物与时间的相关性。莱布尼茨对这个做法表述得很清晰，这是因为他将时间视作不成体系的分散的知觉，认为我们人为设定出的用于观察神的不同视角，只能展现出我们肉眼可见的神的具体形象。也就是说这些视角中除了数量众多的视像外别无他物。在这种情况下我们能从那些观察自身的视点中找到时间，空间则能从那些观察神的视点中寻获。这个结论与古代哲学家们得出的结论一般无二。斯宾莎诺虽然没有就这个问题提出过明确的观点，但是他致力于寻找绵延与永恒之间的区别，这就使他自然而然地进入了古代哲学的发展轨道。也就是说现代哲学之所以最终回归到古代哲学当中，是因为它们对变化和神这个自相矛盾的概念，采取的态度与古代哲学是相同的。

6. 康德的批判哲学

在近代哲学史上有许多著名的哲学家，他们的哲学理论对近代哲学的发展产生了非常深远的影响。其中影响最为巨大的当属康德提出的批判哲学理论，在这种哲学理论的影响下，我们的现代哲学用材料证明自身具有的真实性。接下来就让我们详细地分析一下，康德对哲学领域的几个基本问题的看法以及这些观点是否具有正确性。首先我们先来介绍一下，康德的哲学所具备的形而上学的特征以及这种特征与现代形而上学的异同，我们知道现代形而上学与古代形而上学一样站在绝对运动的对立面，也就是说现代科学与古代科学一样，认为真实性认识和客观存在，是一次性完整的从神这个形象代表的完善中出现的，否认连续的变化对现实存在的影响。康德提出的批判哲学与现代哲学一样，认为事物的产生受到神这个观念的影响。它致力于解答这两个问题：神包含所有的生命哲学特征是否需要满足一些前提条件，神除了内含着所有生命都具有的普遍特征外是否还包含了其他什么东西，据此我们可以得出结论，康德哲学从本质上看与现代形而上学没有区别，它只是对现代形而上学的一种延续，其作用只是将那些从科学中得到的结论重新应用到科学之中。要注意的是，这些结论只适用于不具备生命特征的死物。因此如果我们用康德的批判哲学研究具备生命特征的生物，得出的结论只适用于没有生命活力的一部分。也就是说我们用康德的哲学理论对事物进行分析得出的结论只有一部分是真实的，这些结论同样适用于现代哲学。但是这并不代表康德的哲学与现代形而上学是没有区别的。尽管他与现代形而上学一样赋予智力高于一切的神性，但是他并不像现代哲学家们那样认为智力的作用是解释事物的各种具体形式，他认为智力的作用是让科学拥有一部分人的特征。这就是说康德提出的批判性理论对事物起源的研究产生的形而上学的影响远远小于现代哲学的独断论对其产生的形而上学的影响。但是当康德思考具体的知识与知识形式之间的区别时，这个结论就不再适用了。康德认为事物的各种规律并不是客观的，它是由人们的意识和感觉发展创造的。并由此得出这样的结论：人们的知觉无法解释那些由种种关系联结而成的客观条件究竟是如何产生的。他认为现代哲学提出的所有知识都可以通过分解变成知性术语的观点并不是正确的。他不仅将近现代哲学家笛卡尔提出的不被当时的哲学家认可的哲学要素重新加入到哲学上，还对这些哲学要素进行了改变，使之能够应用于哲学以外的领域。康德的这一做法使得哲学走上了一条新的发展道路。哲学开始凭借自身的直觉在那些超出了人们理解力的具体知识中证明自己的存在，它使智力降下神坛恢复自己的本来样子成为可能。此外它能让人们在一定情况下察觉到绝对运动的真实性。但是康德并没有对这些可能性进行证实，因为他认为那些超出理解力的知识材料的外沿不可能超过智力的外沿因此我们无法从材料中获得智力。在这个认识的影响下，他仍然向现代哲学家们所做的那样将理解力看作是已经被我们察觉的东西。也就是说，他将智力与材料看作是毫无关联的事物，认为材料与智力之所以具有一致性只是因为材料的形式与智力的形式是相同的。在这种情况下，智力的形式就变成了一个固定不变的形式，具体的知识本身也在智力的制约下失去了恢复纯洁性的机会。那么究竟是什么原因让康德忽视了材料的外沿比智力的外沿更加广阔这一事实呢？人们认为这个原因在于康德没有对科学提出的各种问题的看法进行批判。也就是说康德认为科学观念是由所有已知的知识组成的，因此科学观念能够通过协调，将所有已知的知识组合成一个系统，这个系统能够从各个方面展现无差别的实体性。显而易见康德忽视了科学客观性的丧失。我们知道经验有两个发展方向，其中一个与智力思考方向相同，另一个则是向着智力发展的反方向前行。而康德却认为，经验的运动方向只有一个，且这个方向与智力的运动方向是相同的，因此我们的智力外沿不可能小于经验的外沿。毫无疑问，这个认识是以科学始终保持着自身的客观性为前提的。因此在科学的客观性逐渐消失的情况下，我们就必须承认头脑中存在着能够超越智力的直觉。换句话说，在我们用智力思考之前就会对某些事物有所认识，这种认识实际上可以被分为两类：一类认识与我们用智力思考获得的认识一般无二；另外一种却和其处于对立的状态。这也就意味着直觉具有二原性，它既可以作为我们智力的补充，又能推翻我们智力得出的结论。但康德并不承认这一点。这是因为他认为那些设想中的与现实不相符的存在就等同于那些在瞬间中存在的分散的时间。也就是说，一个事实往往是连续发生的，而我们完全能够做到在这个事实发生的过程中用知识对这个事实进行分析和把握；时间不能对我们进行的分析产生任何的影响，而直觉具有二元性。这个结论从侧面印证了时间是一种真实存在，空间则是人们设想出的边界。在事物产生的进程未结束之前，这个边界就会阻碍人们对事物进行认识。这与康德的观点是相反的、无法相融的。因此康德否认了这一观点的真实性。

尽管康德的哲学存在着否认直觉的二元性等这样那样的不足，但是它仍然有很大的存在价值。举个例子来说，正是它对直觉的认可使得其他的哲学家们开始摆脱智力的束缚，根据大脑提供给我们的直觉对事物的运动和发展进行思考，让他们离真实的运动更近了一步。在这种情况下康德的批判哲学从诞生以来就受到众多哲学家的推崇。人们将康德在这一理论中提到的与运动相关的观点都视作真实的观点，认为这种哲学就是我们寻找的具有恰当功能的哲学。一直到 19 世纪下半叶人们发现这种哲学观点不能对细节性的真实存在进行研究，这种情况才有所改变。

7. 斯宾塞进化论的不足以及得到正确进化论的方法

我们知道，康德以及康德的后继者们都认同机械论观点的真实性，即这世上有一种科学可以用来研究世界上的所有现实存在。在这一观点的影响下他们只对事物的整体进行研究，忽视了事物中存在的微小而真实的细节。

19 世纪的哲学家们改变了这种做法，他们创造出了一种能够研究事物中含有的具体细节的哲学，这种哲学得出了这样一个结论：我们提到的绵延实际上就是不断持续的动态的现实存在。在这个结论的影响下，斯宾塞提出的进化论观点得到了人们的广泛关注。这是因为这种观点即能够描述出我们的意识与现实存在之间的对应关系，还能够将变化作为事物的本质特征。在这种观点的指导下，人们可以根据头脑的正确发展得出材料向着感性方向发展的原因。

然而斯宾塞提出的观点实际上并没有对变化进行研究，这是因为斯宾塞用错了研究方式，在通常情况下，斯宾赛都是用那些已经结束进化的片段重新构建进化，并以此对进化进行研究。他认为，这样做得出的结果与进化运动得出的结果是相同的，然而事实并非如此。举个例子来说，如果我们将一幅完整的拼图拆分成若干个片段，然后将这些部分重新拼成一幅完整的图画，我们虽然可以得到同一幅完整的画面，但是我们二次拼接这幅图画所采取的行动，与第一次是完全不同的。斯宾塞并没有意识到这一点，他将已经发生的现实分割成无数个静态的碎片，然后对这个碎片进行重组，在重新组成的完整画面中寻找进化的起源。

在研究过程中斯宾塞设法对三个问题进行解释，即起源中是否存在着材料？进化是否与我们的头脑有关？进化是不是与头脑和材料的关联有关？下面我们将详细的讲述斯宾赛对这三个问题的看法以及这个看法是否正确。

斯宾塞认为进化中实际上存在着材料，这些材料是由那些分散在空间中的构成具有真实性的事物的粒子重新组合而成的。很明显这一结论在哲学领域并不具有真实性。许多哲学家们都曾论述过，事物中含有的能被我们的知觉器官所知觉的事物，是我们对事物所采取的行动的外在呈现。我们不能从那些不完整的结束进化的事物中找到生物进化的原因。也就是说，对已完成进化的事物进行重构不能为我们寻找进化的起源提供帮助。

在进化与头脑的关系上，斯宾塞认为生物进行进化的意志力就来源于反射的组合。这一结论同样不具有正确性。这是因为反射是在进化的最后才出现的，我们不能在进化刚开始的时候就得知反射具备的形式和功能，自然而然，我们无法判定反射是否对引起进化产生的意识有影响。我们能够肯定的是意识实际上是进化运动的产物，我们若想对意识进行深层次的研究就必须对事物的流动性进行分析。也就是说我们通过反射这一运动得出的与生物进化有关的特点都是不真实的。我们若想得到具有真实性的生物进化特点，我们就必须考察大脑运行机制构成的诸多变化。而斯宾塞则忽视了这一点。这是因为自始至终他都是在用静态的事物重构静态的事物，无法察觉到静态事物的进化过程。

对于第三个问题斯宾塞认为头脑与材料的关系与进化是密不可分的。生物进化的目的就是让头脑与材料之间的联系变得更密切更高级。这一认识是正确的，但是这不能帮助斯宾塞正确的认识进化的起源。这是因为人们头脑中的种种形象从本质上来说是自然界中种种事物在头脑中的映射。也就是说存在于我们头脑中的种种规律，实际上是在自然规律的指导下形成的。在这种情况下，如果我们想形成对各种事物的关系的认识，我们就必须将具有真实性的各种存在从绝对运动中分离出来，并对其进行具体的分析。而斯宾塞则忽视了这一点。

换句话说，我们要研究进化的起源，就必须弄清楚现实中的种种事物是怎样被分类的。但是斯宾塞忽视了分类的过程，他研究进化的起源所采取的方法，是将被分化的事物看作是已知的事物，并且根据这些已知的事物对进化过程进行研究。我们不能采用这种方法对真正的进化进行研究，因为真正的进化一定会涉及与变化进程相关的问题，例如我们是怎样一步步形成我们做一件事情的计划的？我们又是如何用我们做出的计划，对某一个现实存在进行划分的？我们不能根据任何已知的具体形式对这种进化进行分析，如果我们想要得到可以正确的说明事物发展规律的进化论，我们必须承认事物和现实所具有的运动性，并从绝对运动中思考进化具有的性质。有的人不赞同这种观点，他们认为进化只和能量有关，其他的事物对进化产生的影响是微乎其微的，我们只需要对事物中蕴含的能量进行分析就能成功的得出正确的进化理论。这一观点忽视了极为重要的一点，即能量是在事物的运动过程中产生的，如果事物没有了运动，那么能量自然也就不复存在。也就是说我们想要得到正确的进化理论必须要从那些能够运动的材料中对进化进行把握。

我们认为正确的从绝对运动中对事物的进化进行把握，就是哲学应该具有的根本功能。拥有这种功能的哲学具有以下几个功能：第一，它能帮助我们的大脑在一定程度上摆脱摄影机制思维方式的桎梏，根据直觉对事物进行判断；第二，它能使我们的意识满足人们创造这个意识希望达到的要求；第三，这种哲学能令人们达成创新的目的；第四，也是最重要的一点这种哲学能对事物的变化进行研究，使科学从与过去不同的不成体系的哲学变为成体系的具有真实性的原则。